广西高校人文社科重点研究基地——广西旅游产业研究院资助出版

南岭瑶族乡村旅游社区
发展影响因素研究

邓　敏　著

中国财经出版传媒集团

经济科学出版社
Economic Science Press

图书在版编目（CIP）数据

南岭瑶族乡村旅游社区发展影响因素研究/邓敏著．
—北京：经济科学出版社，2021.3
ISBN 978 - 7 - 5218 - 2433 - 9

Ⅰ. ①南… Ⅱ. ①邓… Ⅲ. ①瑶族－乡村旅游－
旅游业发展－关系－农村社区－社区建设－研究－
中国 Ⅳ. ①F592.3②D669.3

中国版本图书馆 CIP 数据核字（2021）第 043198 号

责任编辑：李晓杰
责任校对：李　建
责任印制：范　艳　张佳裕

南岭瑶族乡村旅游社区发展影响因素研究
邓　敏　著
经济科学出版社出版、发行　新华书店经销
社址：北京市海淀区阜成路甲 28 号　邮编：100142
总编部电话：010 - 88191217　发行部电话：010 - 88191522
网址：www. esp. com. cn
电子邮箱：esp@ esp. com. cn
天猫网店：经济科学出版社旗舰店
网址：http://jjkxcbs. tmall. com
北京密兴印刷有限公司印装
710×1000　16 开　11.75 印张　170000 字
2021 年 3 月第 1 版　2021 年 3 月第 1 次印刷
ISBN 978 - 7 - 5218 - 2433 - 9　定价：49.00 元
（图书出现印装问题，本社负责调换。电话：010 - 88191510）
（版权所有　侵权必究　打击盗版　举报热线：010 - 88191661
QQ：2242791300　营销中心电话：010 - 88191537
电子邮箱：dbts@ esp. com. cn）

内 容 简 介

　　本书通过对中外相关文献的梳理，结合我国新农村建设、美丽乡村建设、乡村振兴的实施方针与南岭瑶族地区乡村旅游社区的特色，分析了南岭瑶族地区乡村旅游发展的基础，归纳出影响南岭瑶族乡村旅游社区发展的潜在因素，构建了影响南岭瑶族乡村旅游社区发展的评价指标体系，采用实证研究方法分析南岭瑶族乡村旅游社区发展的现状和存在的问题，利用收集的数据进行验证，通过 SPSS 和 AMOS 软件构建南岭瑶族乡村旅游社区发展影响模型，归纳出影响南岭瑶族乡村旅游社区发展的主要因素，并提出相应的发展路径，以期对南岭瑶族乡村旅游社区的发展有所启示。

　　本书具有较强的理论价值和应用价值，可作为乡村旅游业和乡村社区发展相关领域的从业人员、管理者、高等院校相关专业师生的参考用书。

前　　言

"产业兴旺、生态宜居、乡风文明、治理有效、生活富裕"的乡村振兴战略方针，为民族地区乡村社区的发展指明了道路。南岭瑶族乡村社区以生态环境、瑶族文化、民风民俗为依托大力发展乡村旅游产业，形成了特色南岭瑶族旅游社区。本书以南岭瑶族村落为实证研究样本，探寻南岭瑶族乡村旅游社区发展的影响因素，从而开展南岭瑶族乡村旅游社区经济、社会、政治、文化等方面建设的研究，以此促进民族地区的旅游业发展，带动关联产业、加速农村产业结构调整、扩大农业富余人员就业、促进城乡公共服务均等化，为构建和谐民族社区和解决民族地区"三农"问题提供新途径。

本书对于南岭瑶族乡村旅游社区发展影响因素的探讨主要包括以下几个方面：

第一章绪论。主要阐述本书的研究背景、选题依据和研究意义，通过对国内外乡村旅游与乡村旅游社区发展的相互关系、作用、影响等方面进行文献梳理，提出研究问题，阐述主要研究内容、研究方法、研究思路和技术路线。

第二章南岭瑶族乡村旅游社区发展基础。主要通过界定南岭瑶族乡村旅游社区的概念，结合南岭瑶族乡村社区发展特征，实地勘察南岭瑶族地区旅游资源富集社区，多角度了解南岭瑶族乡村旅游社区发展现状、发展意义及驱动机制，以此探寻南岭瑶族乡村旅游社区发展的一般规律。

第三章南岭瑶族乡村旅游社区影响指标体系构建。以动力机制系统为分析框架，在社区参与理论指导下，综合考虑乡村旅游社区发展利益相关者的需求和乡村旅游对南岭瑶族社区变迁的正负影响，从社区基础设施、生态环境、公共服务设施、民族文化、经济发展、社区治理等六方面构建影响南岭瑶族乡村旅游社区发展的指标体系。

第四章南岭瑶族乡村旅游社区发展现状及问题分析。通过对南岭瑶族地区 12 个有代表性的乡村旅游社区开展实地调查，采集相关数据，运用 SPSS26.0 对南岭瑶族乡村旅游社区发展现状进行分析，分别从社区居民和游客的视角收集数据，既分析了两者对于南岭瑶族乡村旅游社区发展过程中关注点的不同，也分析了不同年龄、性别、职业等人口特征下的社区居民和游客对于南岭瑶族乡村旅游社区发展的关注差异，归纳整理出南岭瑶族乡村旅游社区发展中存在的问题。

第五章南岭瑶族乡村旅游社区发展影响模型构建。基于通过南岭瑶族乡村旅游社区发展指标体系收集的数据，在南岭瑶族乡村旅游社区这个文化场域里从导向、激励、约束、控制机制等方面探讨乡村旅游推动南岭瑶族乡村社区发展的影响因素，并利用 SPSS26.0 和 AMOS26.0 软件开展南岭瑶族乡村旅游社区发展指标影响因子的探索性分析与验证性分析，构建南岭瑶族乡村旅游社区发展影响结构模型，剖析各子系统的影响因素及其作用。

第六章南岭瑶族乡村旅游社区发展路径。通过确定南岭瑶族乡村旅游社区发展目标，结合发展的理论基础，从政策、制度、理念、资金、外力、利益等方面提出了保障机制，从生态环境、公共服务体系、瑶族文化保护传承、乡村旅游经济、社区治理等方面给出了南岭瑶族乡村旅游社区发展的路径。

第七章结论与展望。归纳提出南岭瑶族乡村旅游社区发展潜力巨大，社区居民和游客互动推进了南岭瑶族乡村旅游社区的发展，构建的影响指标体系有序，提出的发展对策有效，最后指出了南岭瑶族乡村旅游社区发展的研究不足并进行了研究展望。

　　本书理论研究与实证研究密切结合，具有较强的理论价值和应用价值，以期对南岭瑶族乡村旅游社区发展工作有所启示。

邓　敏

2021 年 1 月

于屏风山下

目 录
Contents

>   >   >   >   >   >

第 一 章

绪　　论

第一节　研究背景

一、"三农"问题受关注，乡村社区发展有目标

我国作为一个农业大国，"农民、农业、农村"的"三农"问题关系到我国经济发展、社会稳定、国家富强、民族复兴。党的十九大报告提出了"产业兴旺、生态宜居、乡风文明、治理有效、生活富裕"的乡村振兴战略20字方针，并以此推进农村社区产业、人才、文化、生态、组织等全面振兴。乡村社区是农村社会的细胞和根基，只有把乡村社区发展好、治理好，农村社会才能充满生机活力、实现永续发展。在统筹推进乡村振兴战略过程中，乡村社区发展目标明确，要努力实现建成舒心美好、绿色生态、田水相依、良序善治的农村社区的目标。

二、旅游需求旺盛，乡村旅游备受游客追捧

根据国际经验，当一个国家的人均国民生产总值在 800～1 000 美

元时，居民将普遍产生国内旅游的动机；在 4 000～10 000 美元时，将产生出国旅游的动机；高于 10 000 美元时，则会普遍产生洲际旅游的动机。相关学者的研究表明，一个国家的国内生产总值高低直接影响了该国的旅游需求。国内生产总值高于 1 000 美元时，国民的需求停留在观光旅游层面；国内生产总值高于 2 000 美元时，国民需求过渡为度假旅游；国内生产总值高于 3 000 美元时，国内度假需求呈现飞速增长状态，旅游业的发展趋于成熟。2021 年国家统计局公布的中华人民共和国 2020 年国民经济和社会发展统计公报显示，经初步核算，2020 年全年国内生产总值 1 015 986 亿元，人均国内生产总值 72 447 元，突破 1 万美元[①]。乡村旅游是实现美丽乡村建设，看得见山，望得见水，忆得起乡愁的有机更新；乡村旅游是迎合时代发展的需要，是促进居民消费扩大升级、释放农村发展活力、助力乡村振兴战略的有效途径和必然选择。中国人民的可自由支配收入在不断增长，国内旅游需求旺盛，旅游需求从传统的观光旅游转变为度假旅游，人们旅游追求项目呈多样化形式，乡村旅游成为游客追捧的热门旅游选择。

三、南岭瑶族有特色，乡村旅游社区成为发展新趋势

南岭瑶族分布在广西壮族自治区和湖南、云南、广东、贵州等地交界的南岭山区，受地理位置的限制，瑶族居民居住社区多为穷苦之地，经济欠发达，"三农"问题比较突出。但是，南岭瑶族乡村旅游社区往往坐拥丰厚的生态文化旅游资源，自然景观与人文景观众多，凭借着其独有的乡村风景、风俗、风貌、民族建筑、民族服饰、民族艺术、戏剧、中医药等旅游资源发展乡村旅游大有作为。乡村旅游作为连接城市和乡村的纽带，在为缩小地区间经济发展差异、城乡差别、产业结构优化等方面作出了很大贡献，同时也能推动欠发达、开发不足的南岭瑶族乡村社区经济、社会、环境和文化的可持续发展。乡村旅游是富裕农

---

① 国家统计局网站。

民、提升农业、美化农村的朝阳产业，要把发展乡村旅游与农村农业、城乡一体化等工作有机结合起来，能够不断丰富和创新乡村旅游产品。同时，在产业发展、人口布局、公共服务、基础设施、土地利用、生态保护等方面，乡村旅游能够推进南岭瑶族乡村社区发展，形成以旅强农、以农促旅、农旅结合、城乡互动的乡村旅游社区发展格局。

第二节 研究意义及研究动态

一、研究意义

在理论上，本书从社区参与、可持续发展的视角系统进行南岭瑶族乡村旅游社区发展的研究，积极探讨乡村旅游影响南岭瑶族乡村社区发展的因素与南岭瑶族乡村旅游社区发展指标的一致性与差异性，探索当前南岭瑶族乡村旅游社区发展的影响因素，为有效开发南岭瑶族乡村旅游资源、解决民族地区"三农"问题、推进南岭瑶族乡村旅游社区发展提供新理论支撑体系和方法，并进行示范研究。

在实践上，本书以南岭瑶族村落为实证研究样本，探索当前南岭瑶族乡村旅游社区发展过程中的影响因素，从而开展南岭瑶族乡村旅游社区经济、社会、政治、文化等方面建设的研究，有助于促进民族地区旅游发展、带动关联产业、加速农村产业结构调整、扩大农业富余人员就业、城乡公共服务均等化，为构建和谐民族社区和解决民族地区"三农"问题提供新途径。

二、国内研究动态

国内对南岭瑶族乡村旅游社区发展影响的研究较少，而对于旅游社区、乡村旅游社区、民族村寨乡村旅游的研究成果颇为丰富。主要集中在以下几个方面：一是旅游社区与内涵的界定上，根据旅游资源形成机理把旅游社区分为自然资源导向型、政策导向型、经济导向型和历史文化积淀型四种类型，通过旅游与社区建设的结合来追求经济效益、环境效益和社会效益的最优化（唐顺铁，1998），"旅游社区"必然具备某些自然或人文型旅游资源禀赋，从而构成吸引物的天然基础，社区是旅游吸引物之一或是主要的旅游吸引物，旅游业是社区的主导产业（孙诗靓，2009）。二是乡村旅游社区发展的理论和实践研究。国内关于乡村旅游社区的研究都是依托乡村旅游、农村旅游开展的，乡村旅游社区发展理论研究相继在社区参与理论（罗永常，2005）、利益相关者的理论（唐晓云等，2006）、增权理论（郭华，2012）、和谐理论（李玉新，2008）、空间生产理论（朱晓翔等，2020）指导下提出乡村旅游社区发展建议。三是民族村寨乡村旅游发展的作用及影响因素。民族村寨乡村旅游的发展在经济、社会、文化、环境、可持续生计、社会交往能力等方面作用突出，结合贵州、青海、广西、新疆、内蒙古等地民族村寨的实际案例，指出政府参与旅游扶贫于民族村寨在经济发展、社会交流、社区环境和素质技能四个方面对民族乡村旅游社区发展产生积极影响（周常春等，2019），在民族文化的保护与传承（邱云美，2016）、不同利益主体在社区公共环境建设和社区参与上的影响也较大（周常春等，2013）。同时，也会带来景区空心化，景区管理重经济效益、轻文化保护，景区都市化严重，村寨民族文化同质化、商业化特征突出（贺祥等，2013）、民俗被破坏与发生变迁等负面影响（高书云，2015）。后续研究显示，民族村寨旅游社区在和谐的社区人际关系和人地关系中能够强化居民对旅游发展正面影响的感知，弱化对负面影响的感知进而加强社区关系管理，促进旅游产业与旅游地社区协调发展（李秋成等，2015）。四是对南岭瑶族乡村社区的研究主要集中在南岭瑶族村落的空间（冯智明，2018）、瑶族传统文化保护与传承（朱晓佳等，2020）、瑶族文化资源开发（谷显明等，2016）、乡村旅游发展模式（邓敏，2013）等方面，研究聚焦在小尺度的瑶族村寨，诸如广东连南瑶族自治县的南岗千年瑶寨、广西恭城瑶族自治县的红岩村、湖南江永瑶族自治县的勾蓝瑶寨等（盘小梅等，2017；刘卫平，2019；侯玉霞等，2020；陈倩等，2020），指出南岭瑶族地区自然人文旅游资源丰富，开发乡村旅游市场空间良好，具备乡村旅游社区发展条件。

三、国外研究动态

国外民族地区乡村旅游的研究基本上是以乡村社区为单位开展的，国外研究中关于民族的研究在概念和内容上与国外研究提出的族群类似。国外乡村旅游开展得比较早，取得了一些成功经验。欧洲联盟和世界经济合作与发展组织（1994）提出了乡村旅游的定义：发生在乡村的旅游活动。乡村旅游目的地的"乡村性"是该地对游客产生吸引力的源头，是其向外推广的重点所在。因此，将乡村旅游概括为建立在具有特殊风貌的乡村的、经营规模较小的、空间开阔和可持续发展基础上的旅游模式。随着乡村旅游社区概念研究的深入开展，国外关于乡村旅游社区发展影响因素的研究，主要集中在以下几个方面：

一是乡村旅游与乡村旅游社区发展的关系。乡村旅游社区的发展需要社区支持（Falak et al.，2014），乡村旅游社区的发展也依赖于社区居民的参与意识、知识、技能、态度支持（Razzaq et al.，2013；Rasoolimanesh et al.，2017），通过开发主题活动，多渠道、多层面地促进乡村旅游社区的发展，诸如在美国的乡村旅游社区开发骑马步道旅游项目发展专业旅游项目（Kline et al.，2015），在英国的乡村社区通过艺术主导的举措开办"阅读社区"促进乡村旅游社区的发展（Crawshaw et al.，2016），甚至是采用博彩业或替代性的旅游方式组成多元化的旅游发展战略促进乡村旅游社区的发展（Suess et al.，2016）；相关研究也显示在马来西亚的乡村社区研究实践中，乡村旅游发展有助于提供更好的社区生活质量（Hanafiah et al.，2016）。二是乡村旅游对于乡村旅游社区发展的作用，乡村旅游发展对乡村旅游社区在经济、社会、文化方面产生的影响。罗马尼亚、马来西亚、泰国等地实际经验表明，乡村旅游的发展对于当地社区可持续发展、旅游扶贫、经济发展、环境保护、发展创业、休闲娱乐、基础设施建设、社区利益平衡、文化景观可持续发展等方面发挥积极作用（Bălan，2015；Petroman，2016；Bouchon，2016；Fatimah et al.，2015）。三是乡村旅游社区发展过程易受到多方面的影响。立陶宛、韩国、马来西亚、澳大利亚、墨西哥等国家的乡村旅游社区发展经验中显示，不仅仅社区经济、社会文化、自然生态、政治法律和技术因素等宏观环境因素（Barkauskas et al.，2015），乡村旅游企业的发展（Cosma et al.，2014）、旅游从业人员的素质、自然文化资源、社区居民对旅游潜力的感知、参与旅游活动和项目的意愿和兴趣，社区内的组织和协作水平等都会对乡村旅游社区发展产生影响（Méndez et al.，2016；Voyer et al.，2017）。四是提出乡村旅游社区发展中出现负面影响因素时的对策，诸如乡村旅游社区发展中缺乏社区意识、缺乏旅游知识和技能、缺乏社会资本时，需通过政府出台政策促进乡村旅游社区的发展，需借助非政府组织帮助提升社区居民参与旅游的意识、知识、技能和态度，提高乡村旅游企业旅游服务能力建设等举措发展乡村旅游社区（Park et al.，2012；Razzaq et al.，2013；Thaman et al.，2016）。

综上所述，当前南岭瑶族乡村旅游社区发展的研究处于初级阶段，相关文献较多聚焦在乡村旅游和民族村寨发展，少有文献关注南岭瑶族乡村旅游社区，且已有的文献多停留在对现象的描述和归纳层面，欠缺理论上的系统总结和分析。研究视角以民族学和管理学为主，研究方法多采用案例定性分析，研究范围多聚焦于微观层面的个案研究和宏观层面的理论研究，而未能从理论视角出发，在梳理统计分析的基础上解析南岭瑶族乡村旅游社区这一中观区域性研究领域案例背后的影响机理、演化路径、保障制度、发展路径。针对上述理论缺口，本书拟在现有基础上，通过定性定量相结合的实证研究开启南岭瑶族乡村旅游社区发展影响的理论和实践研究，为我国"乡村振兴"情境下的南岭瑶族乡村旅游社区发展提供实践指导与理论依据。

第三节 研究问题及内容

一、研究问题

乡村旅游是增加农民收入、缩小城乡差距、打破城乡二元结构的重要手段，发展乡村旅游，能有效转移南岭瑶族乡村社区农村劳动力、增加农民就业、促进农村基础设施和公共服务体系的建设。从乡村旅游社区发展的"整体观"来看，调动社区居民参与乡村旅游积极性、协调乡村旅游发展对社区经济、民族文化、生态环境、基础设施、社会制度等建设与发展中的正负影响，能够促进南岭瑶族乡村旅游社区建设的可持续发展。

二、研究内容

（一）价值研究：南岭瑶族乡村旅游发展的价值

本书通过梳理前人研究成果，结合南岭瑶族乡村社区发展特征，实地勘察南岭瑶族旅游资源富集区，多角度地了解南岭瑶族乡村旅游社区发展现状，从生态、人文、经济和社会等多维视角综合解读城乡一体化进程中的南岭瑶族乡村旅游社区发展价值。

（二）体系研究：南岭瑶族新型农村社区建设体系

本书以动力机制系统为分析框架，在社区参与理论指导下，综合考虑乡村旅游社区发展利益相关者的需求和乡村旅游对南岭瑶寨变迁的正负影响，从社区基础设施、生态环境、公共服务设施、民族文化、经济发展、社区治理等六方面构建影响南岭瑶族乡村旅游社区发展指标体系。然后，通过探索性多案例研究方法在南岭瑶族乡村旅游社区采集相关数据来支撑、验证建设体系的合理及适用性。

（三）现状研究：南岭瑶族乡村旅游社区发展的现状

本书综合运用不平衡发展理论、乡村治理理论、公共服务理论及其相关方法，正确认识乡村旅游发展对农村经济结构、民族文化、基础设施、生态环境、社会制度、农民就业等方面的影响，运用社区冲突理论化解农村社区发展乡村旅游带来的矛盾和冲突，并用 SPSS 软件分析典型的南岭瑶族乡村旅游社区，探寻南岭瑶族乡村旅游社区发展的一般规律。

（四）影响研究：南岭瑶族乡村旅游社区发展的影响因素

南岭瑶族地区提供了乡村旅游发展的旅游吸引物，在推拉理论、社会体系理论指导下，基于乡村旅游社区多维价值解读和逆城市化对南岭瑶族村落旅游市场的推力，在南岭瑶族乡村旅游社区这个文化场域里从导向、激励、约束、控制机制等方面探讨乡村旅游推动南岭瑶族乡村社区发展的影响因素，并利用 AMOS 软件构建影响结构模型，帮助剖析各子系统影响因素及其作用。

（五）路径研究：南岭瑶族乡村旅游社区发展的路径

本书综合利用上述研究成果与数据资料，结合不同实证研究建设的差异，基于社区旅游战略构成模式理论和可持续发展的相关理论进行南岭瑶族乡村旅游社区发展的系统优化调控研究，通过参与式农村评估法获得社区居民的真实想法，最后提出南岭瑶族乡村社区可持续发展的对策。

第四节 研究区域、研究方法及技术路线

一、研究区域

本书探讨的南岭瑶族乡村社区概念源自著名民族学家、社会学家费孝通先生提出的"南岭瑶族地区"这一学术概念,其涵盖了湖南的江华、江永,广西的富川、恭城、贺州市、钟山,广东的连山、连南、连州、乳源在内的湘粤桂三省十县市。在今天的行政区划中,原来的"南岭瑶族地区"已经转变为广西壮族自治区桂林市恭城瑶族自治县,贺州市的富川瑶族自治县、钟山区、八步区,广东省清远市的连山壮族瑶族自治县、连南瑶族自治县、连州市、韶关市的乳源瑶族自治县,湖南省的江华瑶族自治县、江永县这十个县市。这里瑶族分布相对集中,自然资源禀赋丰厚,人文资源种类繁多,民俗民风淳朴,瑶族风情浓郁,地方特色鲜明,在区域旅游发展过程中优势明显,乡村旅游发展影响颇深。

二、研究方法

(一)文献研究法

文献研究法是常用的一种科学研究方法,它主要通过收集、整理、分析现存的文献资料,包括文字、数字、图片、符号以及其他形式的第二手资料,来对相关问题进行研究,以求掌握该领域的研究动态和前沿进展,并了解前人已经取得的成果、研究现状、发展趋势以及存在的问题与不足,为自己下一步的研究奠定基础。

本书通过搜索中国期刊网、Springer、Google scholar 等中外期刊网

站，搜集关于民族地区乡村旅游与农村社区的相关文献资料，在对文献进行整理和分析的基础上，确定本书研究的框架，将现有的理论应用到旅游经济发展与南岭瑶族乡村旅游社区建设中来，通过归纳与演绎，探寻南岭瑶族地区旅游发展与乡村旅游社区建设的协同发展机理。

（二）实地观察法

社会研究中的实地观察法又称观察法、田野调查法，是指研究者根据一定的研究目的，凭借个人感觉及其辅助工具，直接从社会生活的现场收集资料的调查研究方法。实地观察法主要用于收集难以被数字量化的定性研究资料，例如人们的说话风格、行为方式等。它作为科学研究中收集资料的一种方法和技术的观察，带有明确的假定条件，从而试图通过实地观察加以验证或说明。实地观察法与其他研究方法的不同之处在于，它不仅是资料收集，而且是典型的理论生成活动。实地观察者很少去验证和检验已经明确定义的假设，而比较典型的是从事先无法预测的进程中发现有意义的东西，从事初始的观察，推展出尝试性的一般结论，从而启发进一步的观察，再修正结论。

本书在广西、湖南、广东三地交界的南岭范围内选取了有特色的、有条件的瑶族乡村旅游社区作实地观察案例，采取参与观察和入户访谈等形式，调查当地乡村旅游发展的现状及影响因素。重点了解南岭瑶族地区旅游发展的历程、旅游经济发展的效益、旅游发展不同利益相关者对旅游的认知、旅游发展主体在乡村旅游社区建设中的作用等内容，以期获得一般结论。

（三）多案例研究法

探索性多案例方法主要用于一些理论或者现有文献没有涉及的并且也无法解释的空白领域，通过研究多个案例，对不同的案例采取一样的分析逻辑来获取相同的结果，以此提高理论研究的可靠性与说服力。本书研究过程中选取了 12 个有代表性的南岭瑶族村落采用同一个分析逻辑，运用同一套调查问卷开展实地调研，获取多个案例地的反馈数据开展研究，验证南岭瑶族新型农村社区建设指标体系的合理性和适用性。

（四）定性分析法和定量分析法结合法

定量与定性研究是社会科学领域常用的一种方法。定性研究是定量研究的基础，定量研究是对定性研究的深化。定性分析是对研究对象进行"质"的分析。具体地说是运用归纳与演绎、分析与综合以及抽象与概括等方法，对获得的各种材料进行思维加工，从而去粗取精、去伪存真、由此及彼、由表及里，达到认识事物本质、揭示内在规律的目的。定量分析是指事先建立假设并确定具有因果关系的各种变量，然后使用某些经过检测的工具对这些变量进行测量和分析，从而达到验证预定假设的目的。定性分析和定量分析相结合法就是介于定性分析和定量分析之间的一种研究方法，它加强了研究过程的量化的信息反馈，使研究结论更加准确可靠。

本书对南岭乡村旅游社区发展脉络、发展基础、发展现状、发展问题等方面进行"质"的研究，揭示其发展的内在联系和规律，结合调查问卷收集的相关数据，运用 SPSS 软件定量分析南岭瑶族乡村旅游社区的影响因素，也运用了 AMOS 软件构建南岭瑶族乡村旅游社区发展的影响全状况模型。

（五）参与式农村评估法

参与式农村评估（PRA）是目前国际上最新的社会调查方法之一，它综合了社会学、农业生态系统分析、农户经营系统分析、参与式行动研究与参与式学习方法，以及多个目标群的信息。人们自愿地、民主地和积极地参加社会、经济与生态发展项目的规划、实施和评估，因而是基于小组而不是个人分析，对有关问题的分析是基于民主的基础，克服了个人偏见，调查结果容易被不同层次的决策者、管理者和当地公众接受。它是目前国际上最新的社会学研究方法。因此，PRA 被广泛应用于快速收集农村信息资料、资源环境状况与问题、农民愿望和发展途径。

本书通过 PRA 法，积极收集南岭乡村旅游社区参与者包括外来者如政府部门工作人员、行业部门管理人员、技术人员、专家和社区居民对于发展乡村旅游、社区治理、社区发展的相关信息、愿望和建议，获得南岭瑶族乡村旅游社区建设策略，以此促进当地居民积极、全面地介入民族旅游业可持续发展和村落建设的决策、实施、管理等过程。

三、技术路线

本书的技术路线见图 1 - 1。

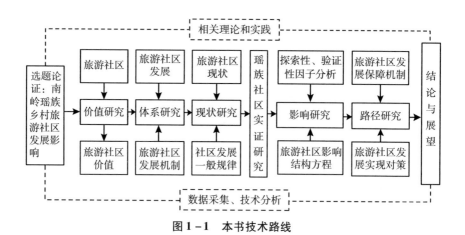

图 1 - 1　本书技术路线

第二章

南岭瑶族乡村旅游社区发展基础

第一节　相关核心概念

一、乡村旅游

乡村旅游在国外的研究最早可追溯到 19 世纪中期。意大利于 1865 年宣布成立全国农业与旅游协会，代表着"乡村旅游"正式推出。许多欧洲国家的乡村旅游游客量较大，发展极好。20 世纪八九十年代，美国把乡村旅游作为一种发展乡村经济的途经进行了大力开发，以自然旅游资源和人文旅游资源开发为主。直至 20 世纪末期，以日本、韩国及中国台湾为首的亚洲地区也开始纷纷致力于乡村旅游的发展并获得了较大的成就。

20 世纪 80 年代，乡村旅游在中国逐渐兴起。至 20 世纪 90 年代中期，国家法定节假日的制定以及私家车的兴起使得乡村旅游得到了进一步的发展。21 世纪以来，乡村旅游在中国正式兴起，文化和旅游部于 2001 年正式发布了《全国农业旅游发展指导规范》，并于 2004 年逐步建起多个农业旅游示范点。随后，政府部门陆续出台了一系列相关政策，并设立了各大旅游年活动，对乡村旅游的发展进行了一系列的指导与规划。

国内学者相继对乡村旅游展开了系列研究。近几年，国内学者对乡村旅游概念的界定愈发明晰，周培等（2016）提出，乡村旅游是指发生在乡村的一切旅游活动，以乡村自然风光、乡村风情、民风民俗、历史文物遗迹等为吸引物，满足城市居民体验乡村生活、放松身心和陶冶情操的一种旅游模式。蒋满元（2016）认为，乡村旅游的定义可分为两种。从狭义上来说，乡村旅游是指旅游者以乡村空间环境为依托，以乡村独特的自然风光和人文特色为对象的一种集吃、住、行、娱、购等于一体的旅游活动。相比较而言，广义的乡村旅游还包括农村居民的外出旅游。

因此，本书探讨的乡村旅游强调的是狭义上的发生在乡土空间，以乡村生产、生活、生态、生存、生计等相关资源为吸引物，开展的一系列与经济和文化相关的旅游活动。

二、南岭瑶族乡村旅游社区

国内关于旅游社区的研究可以追溯到 1998 年学者唐顺铁的研究，其从社区的角度出发，以社区互动理论来考虑旅游目的地的建设，通过对旅游社区结构的优化达到目的地经济、环境、社会效益的协调统一。社区旅游促进了旅游可持续发展。其在开发时不仅要考虑与旅游相关的旅游景观、环境等的建设，还要考虑社区建设。通过将旅游与社区建设的结合来追求经济效益、环境效益和社会效益的最优化。民族旅游社区需在经济利益驱动、民主自治保障、特色精品资源拉动、内外资金技术人才借力并举、政府调控引导、社区发展牵引、资源保护优先的动力机制下发展。

（一）定义

南岭瑶族乡村旅游社区是在南岭瑶族地区的乡土社区空间范围内，

以南岭瑶寨乡村生产、生活、生态、生存、生计等相关资源为旅游吸引物，开展与之相关的一系列经济与文化相关的旅游活动的乡村社区。

（二）特征及功能

1. 自然生态环境的依存性强，自然生态环境良好

南岭瑶族地区地处五岭山脉，自然资源既是丰富的也是匮乏的。其"丰富"主要体现在土地资源上。土地及其附属物（土生土长的植物和动物）是瑶族农业的主要生产资料，但瑶族同胞居住在五岭山脉之间，使得南岭瑶族的农村社区相对平原地带的农村生产空间是局促的，对自然生态环境的依赖更强。自然生态环境对南岭瑶族农村的生产与生活的影响非常直接，农业生产对生态环境的依赖性也较强，例如破坏了植被、森林，会造成水土流失，影响气候，导致自然灾害，造成农作物减产等。南岭瑶族同胞过去选择"食尽一山，迁徙一山"的传统生活方式，如今则是选择好居住地后，在适应自然生态环境的同时注重保护环境，以开发与保护并存的方式繁衍生息。

2. 人口密度稀疏、人口素质不高

南岭瑶族地区横跨广西、广东、湖南三省区，五岭山脉连绵不绝，南岭瑶族区域虽然地域分布较广，但是就人口密度来说还是相对稀疏的。另外，由于其地理位置相对偏僻，瑶族地区的经济发展水平落后于其他地区，教育、科技、卫生事业也不发达，瑶族同胞人口素质相对较低。但也正是因为其相对封闭的环境，使得瑶族的传统文化保存完好、传承完整，形成了丰富的瑶族文化底蕴。

3. 瑶民职业发生变化，由农转旅逐渐增多

以前的南岭瑶族乡村社区，以农业种植为主，产业结构相对单一，瑶民收入相对较少，生计不太好。随着社会进步，在政府大力支持下，部分南岭瑶族地区的村民大胆尝试，开展乡村旅游业，瑶族村落产业结

构发生了重大变化，非农产业比重逐渐上升，南岭瑶族乡村社区从事乡村旅游经营的人数逐年增加。

4. 农村社会组织相对简单

在南岭瑶族乡村旅游社区中，传统的村公所发挥着重要的作用，习俗组织相对较多，发挥的作用比较明显，诸如老年协会在农村社会事务运转中发挥着重要作用，合作社在农村经济发展中作用明显。

5. 经济、文化、技术相对落后

南岭瑶族乡村旅游社区受地域影响，处于五岭山脉之中，因既往交通并不发达，致使南岭地区无论是经济发展，还是文化、科学技术都比较落后，再加上瑶族地区的农民基本没接受过高等教育，学历较低，对新知识、新技术的学习和接受速度慢，不能很好地学以致用，也致使南岭瑶族地区的经济相对比周边地区落后，城乡发展差距较大。

6. 居民的血缘、地缘关系较密切，民风淳朴

南岭瑶族地区是瑶民聚居之地，血缘与地缘相近，属于费孝通先生所述的"熟人社会"。人口的职业结构比较简单，同质性较强。南岭瑶族同胞受相对封闭的地域环境和小农经济的影响，以及受血缘、地缘关系的束缚，他们的传统观念根深蒂固，重农轻商，不愿走出山区接受新思想，求稳怕乱，乡土意识与认同意识强，依然保存着淳朴的民俗民风。

7. 瑶族传统文化底蕴深厚，地方特色鲜明

南岭瑶族地区跨越湖南、广西、广东三省区，境内瑶族分支众多，既有广西的红瑶、广东的八排瑶，也有湖南的勾蓝瑶。由于长期受自然经济生产方式的影响，各地瑶族虽然有着共同的信仰和追求，但是在民族文化的展现形式上，异彩纷呈，传统文化积淀较深。

整体来说，南岭瑶族乡村旅游社区所具备的功能主要有四个：一是

经济功能。如今瑶族乡村旅游社区对南岭瑶寨的生产经营活动依然起着组织、协调、管理的作用，而且致力于成立各种提供产前、产中、产后等服务的非工组织，诸如旅游发展合作社，以此为契机发展乡村旅游社区。二是政治功能。对于党和政府颁布和实行的政策和方针，乡村旅游社区依然坚持贯彻执行，以保护村民最大利益为目标，通过建立各种社区组织来实现村民自治与基层民主法治建设。三是文化功能。南岭瑶族乡村社区依然致力于发展教育事业，并积极开展文娱体活动，尽最大努力做到维护社区安全与稳定、调节村民之间的纠纷、管理计划生育等工作。四是社会发展的功能。这一功能集中体现在发展瑶族社区社会保障和福利的事业上。

第二节　南岭瑶族乡村旅游社区特色资源

一、地理位置

南岭在地理学上的纬度位置是北纬 24°00′~26°30′，经度位置是东经 110°~116°，故东西距离大约 600 千米，南北距离大约 200 千米。处于湖南（湘）、江西（赣）、广东（粤）、广西（桂）四省（区）边境，是我国南部的重要地理分界线，具体来讲，它是长江水系与珠江水系的分界线。南岭，地处五岭交界之处，亦作"五岭"。南岭被称为"五岭"是相对于秦岭来讲的，也是因为它由越城岭、都庞岭、萌渚岭、骑田岭和大庾岭 5 条主要山岭组成，广义的范围还包括苗儿山、海洋山、九嶷山、香花岭、瑶山、九连山等。

在唐代，全国十"道"之一当属"岭南道"，主要指南岭以南的广东、广西区域。如今，岭南范围并没有改变，还衍生出了独特的岭南文化。另外，五岭不是山脉，它没有统一的走向，只是一片"破碎的山区"。关于五岭的介绍，史书中不尽相同。1913 年，商务印书馆出版的

《新体中国地理》指出:"自越城岭而东,横障南境,与两广分界。最著者曰萌渚岭、越城岭、都庞岭、骑田岭。又东与大庾岭相续,即所谓五岭也"。五岭的具体位置如下:

越城岭:位于现在广西兴安县的北面,是从湖南进入广西的重要交通道路,在越城岭,依然保存着严关和秦城遗址。

都庞岭:位于现在湖南永州蓝山县的南面,广东连州市的北面,并非广西桂林灌阳县和湖南永州江永县之间的都庞岭,是从湖南进入广东的要道,秦时的湟溪关就在都庞岭上。

萌渚:位于现在的湖南永州江华瑶族自治县和广西贺州八步区、钟山二县区的北面,是从湖南进入广西的交通道路。

骑田岭:位于现在的湖南郴州市区和宜章县之间,是从湖南进入广东的交通道路,秦时的阳山关就在骑田岭上。

大庾岭:位于现在的江西大余县的南面,与广东省南雄市毗邻,是从广东进入江西的交通要道,秦时的横浦关就在大庾岭上。

南岭山脉包括的大小山岭不计其数,实际上它起自云南云岭,向东进入贵州苗岭、广西、广东、湖南、江西、福建等省边界,最终东达于海,史书上只列举了大庾、骑田、都庞、萌渚、越城五岭,可能与秦军当时的进军路线相关。

本书研究的南岭在学术概念上来源于费孝通先生提出的"南岭瑶族地区"这个概念,当年提出的"南岭瑶族地区"涵盖了湘、桂、粤三省区交界的十县市,在今天的行政区划上发生了一些变化,主要指的是广西壮族自治区、广东省、湖南省三省区交界的瑶族聚居之地。南岭南北气温差异大,南面气候常年温暖,而北面四季分明,冬季寒冷飞雪,这是它成为自然地理分界线的一个重要原因。南岭地区在燕山运动期有大量花岗石侵入地壳上部,在高温高压作用下形成了丰富的有色金属矿,其中以钨、锑矿最为丰富,为世界最集中的产地。

南岭的山脉多由花岗石构成,原因主要归结于南岭地区频繁的造山运动致使岩浆活动频繁,也正是这个原因,使得南岭山区钨、锡、铝、锌等矿藏丰富。南岭的山谷多由红色矿岩或青色的灰岩等软弱性基岩构成，侵蚀痕迹明显主要是由于南岭地区处于亚热带地区，气候呈现高温多雨的特征，也由于雨水侵蚀使得谷地红色矿岩出现赤壁红岩，在周围树木的衬托下显得分外显眼与美丽。这种地貌在中国的其他地方也有，比如粤北的丹霞山、锦岩、金鸡岭，湘南的飞天山、便江。在这种景色中，丹霞山呈现的特征最为显著，因而地质学家将其称为"丹霞地貌"。这种地貌是基于红色矿岩，如果是石灰岩的话，则雨水侵蚀形成的地貌称为喀斯特地貌，也称岩溶地貌，其地貌特征是群峰林立、洞穴天成，关于它们的形容有很多，"桂林山水甲天下"的"甲"指的就是岩溶地貌，除此之外，粤北的钟鼓岩、湘南的九嶷山等也是远近闻名的风景名胜。

二、乡村旅游资源的分类

（一）乡村旅游资源的概念

从南岭瑶族地区乡村旅游资源的理解和划分来说，借鉴国人研究成果有助于厘清乡村旅游资源的内涵、构成及分类。王声跃等（2015）将乡村旅游资源定义为受旅游者所欢迎的，并且能够融入旅游业中进而产生社会效益、经济效益、生态效益等综合效益的，以农业资源为依托而萌发的特有的自然景观及人文景观综合体。同时，认为乡村旅游资源，从其构成来看，是由自然资源和人文资源所构成的乡村景观，其中自然资源是基石，人文资源是主导。乡村旅游资源是由乡村自然环境、乡村物质要素、乡村文化要素或非物质要素三部分共同组成的、多元和谐的乡村地域综合体。彭璟等（2016）的观点与王声跃等的观点相似，在此基础上把乡村旅游资源分成了三种，分别为聚落景观、农业景观和民俗文化景观。

可见，南岭瑶族地区乡村旅游资源主要是由当地独具特色的自然环境、瑶族文化要素，以及瑶人与自然相协调的乡村景观作为当地乡村旅游资源吸引物，吸引游客前往南岭瑶族地区开展乡村旅游活动，并产生经济、社会、文化等综合效应的一系列的南岭瑶族村落的乡村景观。

（二）乡村旅游资源的构成

南岭瑶族地区的乡村旅游资源的构成要素可以拓展为南岭瑶族乡村自然环境、南岭瑶族乡村物质要素，以及南岭瑶族乡村文化要素，见图 2-1。

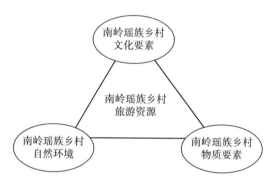

图 2-1　南岭瑶族乡村旅游资源构成

1. 南岭瑶族乡村自然环境

自然环境是人类赖以生存和发展的物质基础，是一个自然的、历史的、有机的综合体。它包括必要的土地和空间、适宜的温度、一定数量的空气、清洁的水源、维持日常生活及物质生产的各种各样的能源和资源。乡村自然环境是由地貌、气候、水文、土壤、生物等要素组合而成的乡村自然综合体，是形成乡村景观的基底和背景。

南岭瑶族地区属于亚热带常绿阔叶林带，其植被、动物品种等多处于海拔 800 米以下。在南岭瑶族地区植被覆盖率高，种类也十分丰富，最具代表性的有樟树、红缘、白缘、白椎、红椎、米椎等，其中数量最多的是樟树。

南岭瑶族山区拥有丰富的动物资源，其种类繁多，有许多国家级保护动物。山中的动物按照生活环境主要分为陆生动物、水生动物、两栖动物三大类型，主要以陆生动物和两栖动物居多且有名。其中知名的陆生动物主要以华南虎、豺、豹、麝、黄麂、梅花鹿、灵猫、青鼬、金猫、穿山甲、画眉、银鸡、白头翁、相思雀、雉鸡等为主；两栖动物则以金钱龟、蟾蜍、大头龟、泥蛙、蛤蚧、大鲵及蛇类为主。

2. 南岭瑶族乡村物质要素

所谓物质要素指的是在南岭乡村旅游目的地游客所能切身观察到的具体事物，包括交通等基础设施、动植物、村落、建筑、装饰物、艺术品、食品等有形物质。不同的要素之间可以产生不同的组合方式，进而形成独具特色的乡村景观。

南岭瑶族地区海拔在 1 000～2 000 米，由于其生产生活、民族文化等各方面的不同，瑶族又被分为"过山瑶""平地瑶""盘瑶""白裤瑶""红瑶""八排瑶"等不同支系。南岭生活的瑶族同胞，往往因为地处山岭深处与高处，在物资匮乏的年代，过着"食尽一山，迁徙一山"的生活。随着社会进步，物质的富足，交通的便利，生活的进步，瑶族同胞选择在山清水秀、土地肥沃的地方安家落户，并在生产和生活中顺应自然，建屋造房，创造了与南岭山区自然环境相协调的干栏式建筑，形成了与南岭山区生产环境、生态环境、生活环境相适应的生产生活习惯，形成了与南岭自然环境相协调的乡村自然环境的各要素，在其影响下形成了瑶族特色的农业类型、农作物分布、居住形式等特色乡村景观。

3. 南岭瑶族地区乡村文化要素

在乡村旅游资源中，无形的文化要素是不能为游客直接观察的，而是需要通过游客参与其中，在乡村旅游的主客交往过程中只能通过感官感知的要素，如当地人的民族性格、风俗习惯、宗教信仰、道德情操、价值观念等。在历史长河中，在民族发展过程中，沉淀在南岭瑶族地区的民族文化、历史底蕴、精神面貌、生活习惯等形成的文化氛围，是乡村旅游资源非物质成分的重要组成部分，也是南岭瑶族地区乡村旅游资源的核心、灵魂和精髓。缺失了这些南岭瑶族地区的非物质文化要素，南岭瑶族乡村旅游社区就缺少了发展乡村旅游的根本，其乡村旅游魅力也就无从谈起。

4. 南岭瑶族地区乡村旅游资源的分类

借鉴中华人民共和国质量监督检验检疫总局发布的《旅游资源分类、调查与评价》（GB/T18972—2017），同时结合资源分类的同一性和同源性原则以及乡村旅游资源的属性，借鉴王声跃等的乡村旅游资源分类表，本书将南岭瑶族地区乡村旅游资源分为乡村自然旅游资源和乡村人文旅游资源两个大类10个亚类，如表2-1所示。

表2-1　　　　　　　　南岭瑶族地区乡村旅游资源分类

大类	亚类	举例
自然旅游资源	瑶族田园（种植业）	稻田、梯田、果园、菜园、茶园、花海等
	瑶族社区林区（林业）	林场、森林、林业自然保护区等
	瑶族乡村建筑文化	古祠堂、古戏台、古街巷、传统民居、风雨桥、水井、寺庙、庵堂、吊脚楼、木板房、夯墙房、人字形棚居、干栏建筑等
人文旅游资源	瑶族乡村聚落文化	古村落、民族村寨的布局文化、村规民约等
	瑶族乡村农耕文化	水车灌溉、围湖造田、刀耕火种、鱼鹰捕鱼等
	瑶族乡村礼仪文化	农业生产礼仪、人生礼仪，如茶山瑶的"还花"礼仪、山子瑶的"求花礼"、花蓝瑶的"出世礼""冠礼""笄礼""度戒""爬楼""点火把"等瑶族乡村习俗
	瑶族乡村节庆文化	盘王节、达努节（祝著节）、耍歌堂节、赶鸟节、晒衣节、洗泥节（苦瓜节）、月半节等节日庆典
	瑶族乡村艺术文化	盘王歌、长鼓舞、木狮舞、舞狮、蝴蝶歌、唱春牛、婚嫁歌堂等民间文艺
	瑶族乡村饮食文化	鸟酢、虫蛹、粮食酒、腌菜、粽粑、竹筒饭、五色糯米饭、油茶、山野菜、酸腌菜、烤薯类等瑶族特色饮食
	瑶族乡村手工艺文化	服饰、竹编、织锦、印染、瑶绣、雕塑、彩灯、银饰、手编花篮等手工艺品

三、南岭瑶族民族文化

瑶族是我国的少数民族之一，历史上曾自称"勉""金门""布努""炳多优""黑尤蒙""拉珈"等，因为经济生活、风俗习惯的差异，又有"艇瑶""山子瑶""顶板瑶""花篮瑶""过山瑶""白裤瑶""红瑶""蓝靛瑶""八排瑶""平地瑶""坳瑶"等称谓之别。中华人民共和国成立后，统称为瑶族。瑶族主要分布在广西壮族自治区和湖南、云南、广东、贵州等地交界的南岭山区，海拔一般在 1 000 米至 2 000 米之间，村寨坐落周围，竹木叠翠，风景秀丽。瑶族主要居住在南岭山区，居住分布特点为大分散、小聚居。俗语说，"岭南无山不有瑶"，指的就是在南岭一带每座山头都有瑶族曾经生活的痕迹。瑶族在南岭生活期间，形成了与南岭地貌、物产相匹配的物质文化、精神文化、行为文化和制度文化的特色。

在中国，瑶族是中国南方古老的民族之一。其人口在我国 55 个少数民族中位居第 13。据 2010 年第六次全国人口普查，中国有瑶族 2 796 003 人[①]，主要分布在广西、湖南、云南、广东、贵州等省（自治区）的山岳地带。广西是中国瑶族人口分布最多的省份。瑶族历史悠久，文化内涵丰富，由于长期频繁迁徙，与其他民族交往甚多，由此导致民族内部出现了一些差异。

（一）生活习俗

（1）服饰。据汉文史籍所述，早在《后汉书》中就有瑶族的先人"好五色衣服"的记载。以后的史籍也载有瑶族人民"椎发跣足，衣斑斓布"。瑶族是一个典型的山地民族，在风俗习惯上保持着本民族特点，尤其是在服饰上更为明显。瑶族人心灵手巧，善于纺织、印染和刺绣，民族服饰五彩斑斓，非常精美。瑶族服饰仅款式就多达百余种，头饰亦

---

① 国家统计局中国 2010 年人口普查资料。

不下百余种。瑶族服饰均用自染的土布制作，有一套完整的蓝靛印染技术。服饰色彩常用红、绿、黄、白、黑五种，采用挑花、刺绣、织锦、蜡染等工艺制作，五彩斑斓。瑶族各支系服饰存在较大差异，男子服装以青蓝色为基本色调，以对襟、斜襟、琵琶襟短衣为主，也有穿交领长衫的，配长短不一的裤子，扎头巾、打绑腿，朴实无华。妇女服饰有穿大襟上衣，束腰着裤的；有穿圆领短衣，下着百褶裙的；还有穿长衫配裤的。瑶族服饰的挑花构图风格独特，整幅图案均为几何纹。

瑶族头饰颇具特色，多姿多彩：有龙盘形、"A"字形、月牙形、飞燕形等；有的戴竹箭，有的竖顶板，有的戴尖帽，有的戴竹壳。广西贺州市的瑶族妇女戴十余层的塔形帽子，颇为壮观。湖南瑶族的女子以蜂蜡涂发，椎髻于顶，无论寒暑，均以花帕包裹呈梯形，用蛾冠形的斗篷罩在上面，避风遮阳，清秀大方，犹如学士帽，又似宫妃绣冠，婚后则取下蛾冠，表示已成家立业，开始新的生活。

（2）饮食。自古以来，瑶族一直生活在丘陵山地，"耕山吃山"是瑶族地区社会经济生产的重要特色。大部分瑶族地区居民以农业生产为主，兼营林副业，小部分瑶族地区居民则以林业为主，兼营农副业。瑶族主要耕作的农作物有水稻、玉米、荞麦、薯类、芋头、糁子等，故以玉米、稻米为主食。湖南、广西、广东三省交界的山区瑶族喜喝油茶，各地油茶味道不一，这也是他们为了适应自己独特的山居生活的智慧产物。瑶族人民喜好酿酒、喝酒，这是因为山中寒凉，而喝酒能祛湿御寒，强身健体。同时，瑶族常居深山老林，山中多雾气、瘴气，常喝油茶，其中葱、姜、蒜等佐料有驱风寒之功效，茶叶又可助消化；加之与姜同煮，茶滋阴，姜助阳，寒热平衡，有益身心健康。

（3）住房。历史上，瑶族是个山居民族，其村落大多位于海拔1 000米左右的高山密林中，一般建在山顶、半山腰和山脚溪畔。瑶族居住的最大特点就是靠山，且形成"大分散、小聚居"的格局。历代封建王朝的政策迫使瑶族不断迁徙分散聚集到高寒山区，形成"南岭无山不有瑶"的局面。因此，形成了独具特色的民居建筑形式。瑶民原有过山瑶和平地瑶之分。前者流动开垦，建筑较为简陋，曾有依山挖洞的

"半居室"，简易的人字形的"木棚屋"；后者则多"四缝三间"的平房或楼房，以及沿坡地的"千脚落地"（干栏式）建筑。为了适应当地的自然环境，瑶族在与壮侗民族的接触和交往中，学习和吸收了壮侗民族干栏建筑的形式和构造方法，营造了"人栖其上，牛羊犬豕畜其下"的木结构干栏式建筑。与此同时，瑶族在学习和借鉴壮侗民族构造方法的过程中，又根据本民族的生活习惯、宗教信仰和居住生活的需要，因地制宜，就地取材，营造出既适合在当地的自然环境下居住，又具有自己民族风格的干栏式建筑，并有所发展和创新，使得干栏式建筑的形态更加丰富。

（4）婚姻与家庭。瑶族的婚姻形式主要是嫁女，其次是招郎入赘。平地瑶早已与汉族通婚，崇尚自由恋爱，征得父母同意后结婚。男女青年在生活、学习中自由相识、相恋，其求婚和订婚环节相对简化，男方告知父母请媒人去女方求婚，或请长辈（村主任）做媒，议定彩礼。至举行婚礼时，男方厚礼迎接女方亲属，邀请农村筵席公司来家中摆上十余桌流水席或是在镇上、县城饭店摆上筵席邀请宾客，庆祝婚礼。平地瑶家庭相对稳定，离婚的较少。瑶族婚姻还有"抬郎上门"的习俗。"抬郎上门"即女子不出嫁，在娘家里抬男子成婚，而被抬的男子到女家去，叫作"上门"，这种婚俗在广西、广东、湖南、贵州、云南等地区瑶族中普遍存在。

（5）节日。瑶族节日种类繁多，内容丰富。既有自然崇拜的拜山节、分龙节、防风节、雷王节、梅山节，又有图腾崇拜的除夕节、瓜藤节；既有祖先崇拜的盘王节、达努节、清明节、目连节，又有英雄崇拜的"五月廿二"（纪念起义英雄黎小保）；既有过鸟节、保苗节、牛王节，又有社节、洗澡节、春节。这些节日，有的反映历史上瑶族人民对诸多神灵的虔诚崇拜，有的表现瑶族人民对自己祖先和民族英雄的深切怀念，有的展示瑶族人民庆祝丰收的喜悦心情，还有的则是瑶族人民对美好生活的憧憬和追求。瑶族传统节日让世人感受到瑶族人民朴实善良、刚毅不屈且热情好客的民族性格，领略到别具情趣的民族风俗。诸如盘王节，又称跳盘王、调盘王、祭盘王、耍歌堂、祖公节、盘古节，是瑶族纪念祖先的节日，也是瑶族民间流行最广、最隆重的传统节日。南岭瑶族地区均重视盘王节，会在农历十月十六那天举办盛典，唱盘王歌、跳盘王舞，以此祭祖还愿。

（二）生活生产方式

在不同的社会经济发展阶段的瑶族地区，瑶族的生产习俗有所差别。平地瑶，因居住在地势平坦之地，交通便利，与外界接触交往较多，农牧业、副业、外出务工较多，其生产习俗与当地汉族、壮族相近，经济发展相对好一点，瑶民生活相对富足一些。而山地瑶因居住地势较高，瑶山交通不太便利，与外界接触交往较少，"靠山吃山"的意识强烈，这也是瑶族的传统生产方式和生活来源的重要特点，刀耕火种等生产方式影响深远。也有"食尽一山，换一山"的说法，即依靠一座山的生产资源过日子，当这座山的生产资源匮乏时即换一座山寻找生产资源与生活资源，这也致使过去瑶族生活相对贫乏。进入新时代，传统的瑶族生产生活发生了改变，原生态的生态环境、淳朴的民风民俗、特色的民族节庆活动成了瑶族村落开展乡村旅游独一无二的优势条件，有条件的瑶族村落在传统生计基础上纷纷开展乡村旅游，做着农家活，吃上旅游饭，为瑶族生计开辟新的方式，形成了今天以农牧业、旅游业为主，兼副业、外出务工为一体的多元化生产生活方式。

（三）语言文字

学术界普遍认为，历史上瑶族没有本民族文字。瑶族在古代曾使用"刻木记事"，叫作"木契"，或"打木格"。也有部分学者认为瑶族地区道公、师公、民间歌手创造和传播了古瑶文，即他们在抄录民族典籍时，创造一些字与汉字并用或者以汉字为基础创造一些文字，通过对汉字进行增减或者重新组合的办法，创造了本民族的文字，并用以记录自己的语言。

（四）宗教生活

瑶族人民的信仰属于多神崇拜。过去，瑶族认为万物有灵，对自然虔诚膜拜，祭礼寨神、家神、水神、风神、雨神、雷神、树神、山神等，每逢年节都要上香。对生产中的每一个过程，诸如狩猎、砍山、采集、耕地、播种、插秧、收割、建谷仓、吃新米等，都要请师公占卦选吉日，举行祭祀。

第三节　南岭瑶族社区乡村旅游发展意义

一、乡村旅游发展的意义

（一）经济意义

南岭瑶族地区，坐落于湘粤桂赣四省区边界，瑶族居住人口占全国瑶族人口的2/3以上，主要分布在粤北的连州、连南、连山、乳源；湘南的江华、江永；桂北的恭城、桂东北的富川、贺州八步及钟山。过去这些地区多为省级、国家级贫困县，如表2-2所示。三省区五市贫困人口近300万，属集"老、少、边、穷、山"于一体的典型集中连片特困民族地区。

表2-2　　　　　　　　南岭瑶族贫困地区名单

省 （自治区）	市	县 （区）	瑶族支系	贫困级别
湖南	永州	江华	平地瑶、过山瑶、盘古瑶	国家级贫困县
		江永	过山瑶、盘古瑶	省级贫困县

省（自治区）	市	县（区）	瑶族支系	贫困级别
广西	桂林	恭城	过山瑶、盘古瑶	自治区扶贫开发重点县
	贺州	八步	土瑶、过山瑶、盘古瑶	自治区扶贫开发重点县
		钟山	平地瑶	自治区扶贫开发重点县
		富川	过山瑶、盘古瑶	国家级贫困县
广东	清远	连州	过山瑶、盘古瑶	广东省欠发达地区
		连山	过山瑶、盘古瑶	省扶贫开发重点县、省级重点扶贫特困县
		连南	八排瑶、过山瑶、盘古瑶	省扶贫开发重点县、省级重点扶贫特困县
	韶关	乳源	过山瑶、盘古瑶	省扶贫开发重点县、全国性扶贫县

如今，相关学者的研究表明，地方乡村旅游的发展能够有效促进其经济的发展。被称为世界"瑶文化宝库"的南岭瑶族地区有着人口多、分布广、地域差异性等特征，其拥有相当丰富的自然与人文旅游资源。通过发展乡村旅游，能推进地方扶贫攻坚、经济发展。

1. 优化产业结构，促进城乡一体化建设

旅游产业具有产业链长、行业关联度高的特点。作为传统农业的后续产业，通过发展乡村旅游，进行有效的空间布局，能够改变原有农村产业单一的现状，并使得农业从传统的种植业转化为与旅游观光、生态保护等相结合的多功能产业。旅游业能够较好地将第一产业、第二产业和第三产业结合在一起，通过辐射使得服务业、交通运输业、制造业等均得到较好的发展，使得农村的产业结构更加丰富和稳固，从而进一步提高农业所带来的效益，优化农村经济结构，缩小城乡差距，并推动城乡一体化建设。

2. 改变传统生计方式，提升农民收入

农民增收困难一直是"三农"问题的重中之重。促进农民就业和增收已经成为农村经济工作面临的主要任务。传统农业以种植业为主，土地、劳动力资源利用率不高，导致农民就业极不充分，外出经商或务工成为农民的主要非农收入来源。加之南岭瑶族地区自然条件恶劣、交通基础设施不发达、农业生产基础设施落后、农民竞争力差、少数民族多、革命老区多，成为导致该地区贫困面大、贫困程度深的主要原因。其在经济发展上远远落后于全国大部分少数民族自治县的发展水平。随着城乡一体化进程的加快，传统农业经济面临改革和转型的冲击。通过发展乡村旅游，能够培育乡村经济新的增长点，以旅促农，为传统农业发展增加新的动力。乡村旅游作为促进农业和与旅游融合发展的重要手段，不但促进农村产业结构调整，还能缓解劳动力流失，使得就业率得以提高，让农民成为乡村旅游发展当中的受益者。通过经营农家乐、民宿客栈、租赁、特色餐饮、加工土特产等相关活动，改变原有单一的以种植为主的生计方式。这对于实施贫困地区精准扶贫，进一步拓展旅游扶贫的精度和广度有着重要作用，能够加快扶贫攻坚的步伐。

（二）文化意义

1. 促进地缘和乡土文化的传承和发扬，实现多元输出

地缘和乡土文化是生发于农村社会的一种系统、多维、复杂的文化体系。作为南岭走廊的"中心"，瑶族人口和瑶族族群分布较多。其极具地域性、独特性的瑶族民俗风情和音乐、舞蹈、技艺、传统戏剧等文化遗产，构成了地方特色的文化遗产资源。但南岭瑶族地区的民众大多生活在高山深壑之间，加之交通不便，传统文化因受封闭地理环境的影响而"养在深闺人未识"。地方传统文化资源是发展乡村旅游的基础。通过发展旅游业，能够推动地方文化的挖掘、发展和保护，并有效地将地方文化资源转化为多样化的旅游产品，使得传统文化、农耕文化、民

俗文化这些无形的资产获得新的价值体现。

2. 提高文化保护意识，增强村民自豪感

发展乡村旅游，村民通过参与到旅游经营管理和服务的实践活动中，可以增长见识，提高对自我文化价值的认知度，意识到保护地方传统文化的重要性，增强自豪感和认同感。通过自主学习、接受专业培训、接触优秀的外来文化等方式，有助于促进乡村与外界文化的交流，提高自身的文化素质，实现乡村居民的全面发展。

（三）社会意义

1. 树立乡村新风貌，促进城乡统筹

通过发展乡村旅游，能增加城乡之间的有效互动。在有效配置农村各种资源、引导生产要素回流农村的同时，引导广大村民主动学习现代农业科技知识、先进文化，培养一大批有文化、懂经营、会管理的新型农民，从而整体带动乡村新风貌的发展，推进新农村建设，建设美丽乡村，促进农村文明进步、城乡统筹。

2. 改变乡村社会结构，促进基层管理民主化

长期生活在相对封闭的地理空间和落后的文化环境中的村民，为了自我保护、适应生活而形成独特的文化。加之受教育程度普遍较低，大多使用地区特有的民族语言沟通，以致在习俗、生活态度上仍比较落后。"封闭性和内聚性"的社会结构阻碍了地方的发展。村民往往处于被动发展的地位，没有选择的余地。乡村旅游的发展可以推动农村观念的更新，促成新的社会网络关系，更好地与外界沟通、流动。从乡村旅游发展中尝到甜头的村民会提升参与意识，强化对自身身份的关注，实现新农村建设的管理民主的目标。

（四）环境意义

1. 再现绿水青山，实现环境可持续发展

乡村旅游作为一种游客回归自然、贴近自然的生态旅游，需要有良好的自然人文环境，这也是吸引游客的前提。只有依托于乡村的自然资源和文化资源等，南岭瑶族乡村旅游社区才能推动乡村旅游和休闲农业得到更好的发展。在乡村旅游发展过程中，游客吃住行游购娱的需求和行为，以及对村寨的整洁度、乡土景观的塑造等提出了更高要求。因此，南岭瑶族乡村旅游社区的发展会促进农民提高保护生态环境的积极性。为适应旅游业的发展，村民会自觉强化环境意识，提升村容整洁度，从而改善农村卫生条件。同时，更重视生态文明质量，保护原生态景观，实现环境的可持续发展。

2. 完善乡村配套设施建设，打造美丽乡村

在打造美丽乡村的过程中，旅游业发挥着很大的促进作用。随着经济的不断发展，南岭瑶族乡村旅游社区居民的收入也会稳步提升，闲暇时间也逐渐增加，带动乡村旅游业的良性发展，特别是促进了以民族文化、乡村风情等为主题的开发与保护。这是因为旅游发展对基础配套设施具有依赖性，需要政府加强配套基础设施建设。与此同时，随着旅游业的进一步发展，旅游者对乡村旅游社区的人居环境、旅游服务水平、接待设施等方面也提出了新的要求。乡村旅游在一定程度上加快了农村社区建设的进程，优化了农村社区建设的风貌和格局，使得南岭瑶族乡村旅游社区的生态环境得以美化，村民的生活环境得以优化，加快了美丽乡村的建设进程。

二、乡村旅游发展的概况

（一）深挖特色乡村资源，打造旅游产业新模式

南岭瑶族地区自古以来以瑶文化为主，多元文化交融，传统节庆活动及民俗资源十分丰富，加之具备良好的自然生态环境，多地乡村旅游呈现出快速发展的良好态势。发展形势也从原来的以观光、采摘为主的单一业态向融合发展转变。各地根据自身经济发展水平和产业特色，将乡村旅游与地方特色产业相结合，形成了农产品深加工、乡村文化创意产业、休闲产业、乡村度假于一体的产业联动发展。

例如，湖南江华瑶族自治县（以下简称江华县）以"神州瑶都"为平台，打造瑶族文化园、井头湾等旅游风景区，建成牛路、宝镜等10多个乡村旅游点，并以景区、乡村旅游点的辐射作用，建成休闲农庄、农家乐、家庭旅馆100多个。江华县还结合地方风俗，开发桃花节、茶文化节等瑶族特色街区活动，带动瑶族特色商品诸如瑶家织锦、香包、腊味、蜂蜜等土特产品的销售。江华县通过"旅游+"的模式，推进工业、农业、休闲产业等项目的发展。江永县则构建以县城为核心的民俗风情体验园，建设上江圩、千家峒、夏层铺、兰溪、粗石江五个主题旅游度假乡镇，以及开发五香院、五香村、燕子山天仙草原、松柏万亩野生紫荆花等多个主题旅游区域，打造"精美小城""特色小镇""美丽乡村"三位一体的旅游产业发展大格局，同时通过"互联网+美丽乡村+乡村旅游+五香农业+历史文化"的模式建设乡村，大力发展当地乡村旅游。

广东乳源瑶族自治县（以下简称乳源县）旅游资源集"山、水、林、瑶、禅、谷"于一体，通过借力"世界过山瑶之乡"少数民族风情，以及特色小镇和乡镇田园综合体建设，发展"大南岭、大云峡、大云门、大瑶寨、大南湖"五大特色旅游名片和产业格局，带动周边集镇发展民宿、农家乐，并将其串联成旅游特色观光带。连南瑶族自治县则

融合地方瑶寨乡村元素，将美丽乡村休闲度假作为重点发展，打造寨岗特色生态"农家乐"，以此推动旅游观光、餐饮娱乐、健康养生产业的发展。

广西桂林恭城瑶族自治县（以下简称恭城县）以生态立县，从"养殖＋沼气＋种植"三位一体的生态农业"恭城模式"，逐渐发展为"养殖—沼气—种植—加工—旅游"五位一体的生态农业。恭城县通过将农旅结合，大力推进旅游与生态农业、瑶乡文化、特色村镇的融合发展。贺州市则重点发展生态健康产业集群，通过着力打造姑婆山小镇、黄瑶古镇、西溪森林温泉养生小镇、大桂山山水森林颐养小镇等四个核心旅游小镇，发展全域旅游，全面推动乡村旅游的发展。

（二）地区乡村旅游品牌效应初显成效，旅游地内涵突出

在市场经济快速发展的今天，旅游地区和旅游产品形象对旅游业发展起着至关重要的作用。随着全国乡村旅游的快速发展，南岭瑶族地区利用浓郁深厚的瑶族文化、民风民俗和良好的生态环境，在特色乡村旅游产业上做足了文章，多地乡村旅游具有特色鲜明、参与性强、差异性显著的特征，形成了乡村民俗、少数民族节庆、自然生态体验文化等品牌，并涌现出一批示范引领、典型带动、品牌辐射作用强的乡村旅游典型村镇和景区。

例如，江华县通过立足开发特色民俗旅游资源，主打瑶族节庆品牌，通过全域谋划、整合创新，挖掘整理五月五瑶医药节、潇江湾村五月十五大端午节、水东村荷花节、六月初六宝昌洞庙会、七月十五竹园寨河灯节等瑶族传统节庆资源，引导各乡镇建设乡村旅游"五个一"工程（一个乡村旅游扶贫示范村、一个星级乡村旅游区点、一本画册、一场文化旅游节庆活动、一件特色旅游商品）。江华县委托专业的团队策划主题节庆活动，从而形成"月月有节庆，年年出精品"的浓厚氛围，扩大了活动参与的深度和广度。江永县则依托以千古之谜女书、千年古城上甘棠、瑶族故地千家峒为代表的"三千文化"和"五香特产"品牌，打造江永特色旅游，通过"一句口号、一张导游图、一个网站、

一张宣传品、一个代言人、一首歌"的形式做大做强特色品牌。

广东的乳源县利用"大南岭生态文化旅游"和"世界过山瑶之乡"两大旅游特色，做出新文章，坚定地以"打民族牌，走生态路"为发展战略，将当地打造成瑶族风情浓郁、多文化融合的特色县城，同时通过深挖乡村旅游资源的特色内涵，积极打造多种乡村旅游品牌。乳源县已打造了壮瑶民俗、现代民宿、古村文化、山水生态、农事体验、花节观光、精品农家乐等乡村旅游产品，也取得了明显成效。

广西的恭城县发展生态旅游优势明显，生态乡村旅游产业在南岭瑶族地区中成绩显著。十多年来，成功打造了"品瑶乡月柿、赏柿圆风光、喝恭城油茶、住生态家园"的特色生态旅游品牌。贺州也因地制宜，抓住乡村田间油菜花、格桑花盛开、节日特色民俗活动等契机，坚持突出区域特色、丰富文化内涵，全力打造生态健康旅游为主题的乡村旅游品牌。其中，富川县已成为贺州乡村旅游发展的新"黑马"，积极投入广西现代农业示范区为核心的"国际慢城"创建中。

（三）积极发展乡村旅游，助力精准扶贫

传统的"输血"式扶贫只能解决贫困地区农户一时之急。扶贫对象识别不够准确，扶贫措施针对性不强，扶贫项目和资金指向不准等问题，一直导致扶贫工作异常艰难。积极探索乡村旅游发展与扶贫开发有机融合，才是实现贫困群众走向富裕的根本。南岭瑶族乡村社区结合自身实际情况，因地制宜，因村施策，将具有区域特色的农副产品项目与乡村旅游相结合，取得了一定的成效。如今，旅游与扶贫融合已成为不少贫困地区脱贫致富的主要方式。湖南的江永县、江华瑶族自治县，广东清远的连南瑶族自治县，广西的恭城瑶族自治县等地，结合地方特色农业产业，以节会友，以节促商，形成多个旅游节庆活动品牌，推出具有瑶族特色的商品，促进乡村旅游升温，帮助贫困人口脱贫。

南岭瑶族地区的旅游扶贫形式也呈现出多样化：有直接参与乡村旅游经营的，有在旅游产业中参与服务就业的，有通过发展乡村旅游、出售自家农副土特产获益的，也有通过乡村旅游合作社和土地流转获取到

租金，以及通过资金、人力、土地参与乡村旅游经营获取入股分红的。

"中国历史文化名村"湖南省江永县兰溪勾蓝瑶寨的乡村旅游旅游扶贫模式颇具典型性。当地注册成立村旅游发展公司，以村支两委作为组织者和开发主体，村民以古建筑民居、土地等资源入股成为股东。该村不少贫困户将古宅出租给村旅游发展公司，租金加上入股分红，实现了全家脱贫。勾蓝瑶寨还成立了勾蓝瑶农产品加工、特色农业种植、村落整理、村庄建设、农家乐、民俗文化表演等各类专业合作社，引导贫困户抱团发展，因此形成的"勾蓝瑶旅游扶贫模式"还得到了湖南省市领导的高度肯定。

（四）提供乡村旅游技能方面培训，改善人力资本困境

南岭瑶地区农民受教育程度普遍较低，加之大多使用地区特有的民族语言沟通，以致在习俗、生活态度上仍比较落后，市场意识淡薄，缺乏创新精神，甚至不少村民参与工作具有随意性，依旧依靠从事低风险低回报的传统农业生产，勉强维持生计，同时没有把参与旅游业当作一项正常的工作来看。在多数乡村旅游目的地，由于相关人才的缺乏导致村寨中旅游相关工作多由村干部和寨中村民来开展，在创新能力、营销方式及服务水平上都有待提高。

为破解旅游专业人才短缺的瓶颈，南岭瑶族乡村旅游社区在相关行政部门帮扶下举办了不同形式的乡村旅游培训班，以此提高相关人员的综合素质及旅游服务技能，规范地方乡村旅游管理，增强社区瑶民旅游意识。广西贺州八步通过挖掘和培养瑶家绣娘600多人，并与他们签订瑶绣手工艺品购销协议，带动广大妇女、贫困户自主发展，增加就业提高贫困户收入。桂林恭城县则为有意向从事乡村旅游的贫困户家庭人员举办旅游扶贫培训班，从业务技能、职业素养、经营理念、产品创新、环保意义等多个角度进行授课，结合精准扶贫工作，引导农户发展乡村旅游，增加农户收入，改善农户生产生活条件。湖南江永的勾蓝瑶寨通过召开旅游培训班，专门培训讲解员、销售员、手工艺等人才，甚至聘请省、市农科院的专家多次向瑶胞传授旅游产品开发、特色种植养殖的

技术，与国际青少年社会实践组织"MTW"合作创建"快乐学堂"，扶持贫困户开办淘宝店，推动村民的自我发展能力不断提升。

（五）政府重视乡村旅游发展，扶持力度不断加大

在 2009 年国务院出台的《关于加快发展旅游业的意见》中，将旅游业定位为国民经济战略性支柱产业，"人民群众更加满意现代服务业"以来，从国家到地方，掀起发展"乡村旅游"的热潮，把发展乡村旅游作为促进社会主义新农村建设，带动地方生产方式转变，增加农民收入的重要工作来抓。2017 年，中共中央、国务院发布的《关于深入推进农业供给侧结构性改革加快培育农业发展新动能的若干意见》中，更是为大力发展乡村休闲旅游产业提出了明确的发展方向。

由于南岭瑶族地区旅游业发展起步晚、起点低，乡村旅游基础设施和配套都不健全。在乡村旅游产业发展过程中，政府的重视和大力支持起到了非常重要的作用。多地在省、市、县、乡四级对口帮扶部门的引导下，采用了"政府引导、集体经营、市场运作、村民参与"的乡村旅游模式。

广东的乳源县、湖南的江永县、广西的恭城县等地在政府治理乡村旅游的形式上还实现了新的突破。他们通过树立政府在投融资方面的榜样示范作用，通过将政府投资放大，动员群众积极参与到旅游建设中来，动员市场主体参与乡村旅游的经营性投入。他们通过政府主导，按照乡村旅游社区发展的要求，加大环境整治，弘扬地方传统文化，形成丰富内涵，真正走出了一条"生态富村、文明建村、旅游强村、民主理村"的科学发展道路。例如，湖南江永兰溪勾蓝瑶寨结合实际，将基层党建与旅游攻坚扶贫紧密结合，充分发挥支部引导和党员示范的作用，建议"党员＋贫困户"结对帮扶机制，在重大决策、重大事项中创新实行村支两委、党员组长、全体村民三级联动模式。勾蓝瑶寨在旅游配套设施建设项目上实施"四自两会三公开"模式，引导村民自定、自建、自管、自动，调动村民参与旅游发展的积极性。通过制定《勾蓝瑶村规民约》《星级农家乐准入和管理办法》等管理机制，鼓励农户开办

农家乐，将村民的文明行为与分红挂钩。勾蓝瑶寨坚持改革创新，引导村委会注册成立江永兰溪勾蓝瑶寨旅游开发有限公司，公司以村支两委作为组织者和开发主体，从而有效构建了强有力的旅游开发核心保障。

三、乡村旅游发展的困境

南岭瑶族地区乡村旅游起步较晚，多地仍处于初级发展阶段，存在不少问题。例如，产品同质化、原生居民参与度低、旅游从业人员素质不高、经营管理粗放化、融资渠道不畅等成为主要问题，影响和阻碍了该地区乡村旅游的发展，亟待解决。

（一）乡村旅游发展规划滞后，开发结构不尽合理

在乡村旅游开发过程中，由于一些地区和部门对资源的开发、利用和保护关系缺乏科学认知，以致缺乏总体规划，一哄而上、重复建设、低层次开发现象严重，致使许多乡村旅游开发存在较大盲目性，乡村旅游产品同质化、单一化现象仍较为严重。不少乡村旅游产品仅仅只是在原有生产基础上稍加改动和表层开发。瑶族社区居民简单地将现有农田、果园的开发利用认同为发展乡村旅游，缺乏深层次的挖掘和创新设计，文化品位也不高。南岭瑶族乡村旅游社区多地出现类似项目的筹划，虽然在宣传定位上各有特色，但在旅游内容、经营方向上，差异不大。同时，在发展过程中，不少乡村也急于与城市接轨，而忽视了乡村性的特性，对地方村落的建设概念模糊，趋向标准化打造，导致南岭瑶族乡村社区在建筑形式和开发上，人工痕迹过于明显，破坏了乡村的乡村性和原真性，丧失了乡村旅游的资源特色。以上种种行为，不但造成南岭瑶族乡村社区资源、人力、财力、物力的巨大浪费，也使得乡村旅游产品品味不高、生命周期短暂。因此，还应进一步挖掘乡村旅游资源，基于游客多样化的需求，在"特色"上下功夫，打造差异化路子，实现乡村旅游产品的转型升级。

（二）经营管理比较粗放，乡村旅游专业人才匮乏

好的经营管理，往往能推动乡村旅游发展的成功。然而，由于南岭瑶族地区本身旅游起步较晚，多地政府、村民、相关旅游公司等对乡村旅游认识不深刻，社会和政府投资严重不足，以致乡村旅游地区基础设施不完善，建设落后，严重影响了开发的进程和质量。加之尚未探索出行之有效的南岭瑶族乡村旅游社区管理运营模式，知识乡村旅游社区管理混乱、服务质量良莠不齐、经营者之间恶性竞争、卫生条件差等情况成为常态，只重经济利益不重品质提升，只重招商引资不重科学管理，管理松散，粗放经营，导致不少地区乡村旅游缺乏发展动力等问题。

南岭瑶族乡村旅游社区居民参与和开发乡村旅游中，很大部分村民存在"小农思想"，文化程度也不高，缺乏长远的发展意识和先进的管理理念，不擅长运用恰当的营销渠道和方式，缺乏乡村旅游吸引力的认知，忽略乡村特色、环境及服务的水平、质量，缺乏系统的旅游服务培训和教育，在质量和服务标准上，缺少合理可行的管理和监督方式。这些行径致使当地产品缺乏吸引力，市场辐射能力弱，丧失了对旅游产品吸引力的打造，也影响了乡村旅游发展。

（三）旅游硬件配套较为简陋，服务质量不高

尽管南岭瑶族地区不少乡村为发展旅游，对地方的基础设施都有一定投入，但因整体经济发展水平较低，且不少乡村处于相对封闭的山区，以致软硬件环境不够完善，交通不够便捷，配套较为落后，不少硬件配套设施依旧不能满足旅游者的需要。例如，通往南岭瑶族乡村旅游社区道路、停车场、公共厕所等公共设施简陋、供给不足，餐馆、民宿等设施条件也比较差，卫生状况和设施条件难以让人接受，留不住游客。加之乡村旅游经营主体多为当地农民，大多数是家庭式经营，从老板到服务人员都是家里人，缺乏规范服务、个性化服务等方面的意识和知识技能，仅仅扮演着端茶送水的角色，甚至在语言沟通上存在障碍，严重地影响了服务质量。

（四）当地居民边缘化，自治化程度不高

乡村旅游的兴起与发展影响了乡村社会内在治理结构的变化。伴随着政府、市场、社会等力量的介入，乡村原有的传统治理结构往往被瓦解重构。村民作为乡村旅游建设的关键，是发展的主体，也是最大受益者。例如，湖南省江永县兰溪勾蓝瑶寨通过"四自两会三公开"的模式，引导村民自定、自建、自管、自动，调动了村民参与旅游发展的积极性。但在南岭瑶族地区不少乡村，因外力的不断介入，出现了因利益分配不均问题导致的矛盾。不少地方的外来投资者由于具有资金和技术上的优势，以致在旅游开发中过度重视经济效益和发展速度，使得旅游开发、旅游管理及旅游收益分配过程与当地社区割裂，村民被边缘化，贫富差距扩大，村民经商出现冲突，难以参与和获得收益，乡村旅游开发与地方的发展矛盾加深。

（五）投资结构不合理，融资渠道不畅

目前，南岭瑶族乡村旅游社区的发展主体以社区居民居多，大多为自筹资金发展旅游业。如广东清远连南的墩龙瑶寨，作为旅游发展的后进地区，村集体经济收入主要来自种桑养蚕业，村内尚未形成合作组织，其发展乡村旅游的资金主要来源于政府的支持和村民的自筹，资金有限，旅游发展速度缓慢。同类情况在南岭瑶族地区其他乡村社区也较为常见，资金量小、来源渠道少、抗风险能力弱等情况成为阻碍南岭瑶族乡村旅游社区旅游发展融资的主要问题。南岭瑶族乡村旅游社区融资渠道的不顺畅，缺少帮扶的旅游大企业，行业的导向机制不健全，造成发展建设的资金紧张、乡村旅游发展方式粗放、旅游产品层次低下等问题。此外，政府扶持各类投资主体多种方式利用林地、山地兴办旅游项目的政策未落实到位，致使其通过承包、租赁、股份合作等形式取得的使用权或发展权的土地未能充分利用，影响了乡村旅游的发展。

第四节 南岭瑶族乡村旅游社区发展的动力机制

南岭瑶族乡村旅游社区的发展逻辑是在旅游大环境背景下，在国家政策的引导下，在现实旅游市场需求的推动下，南岭瑶族乡村社区凭借自身旅游吸引力开发乡村旅游业；同时也通过发展乡村旅游来带动南岭瑶族乡村社区的发展与建设，以此形成以旅游业为主、农林业为辅的南岭瑶族乡村旅游社区；所形成的南岭瑶族乡村旅游社区的发展与乡村旅游发展在经济、社会、文化、环境等方面发展要素紧密相联，形成了相辅相成、良性互动的发展体系。

南岭瑶族乡村旅游社区的发展，先是用城镇化建设的逻辑和策略解决农村问题，注意做到要以人为本、实事求是、因地制宜，以创新发展为依据来合理、合适地开展规划建设。南岭瑶族乡村旅游社区要充分开发和利用好当地的乡土资源，瑶族同胞通过自身智慧创造出来的生产、生活、生产、生计方面的物质与非物质旅游资源、有形与无形的民族传统文化，充分借助乡村旅游发展辨识其为南岭瑶族乡村社区带来的社会、文化、经济的影响，推进南岭瑶寨乡村旅游社区"农业＋农产品＋旅游服务业"的三产融合，做到以乡村旅游服务业为产业支撑推动南岭瑶族乡村旅游社区的经济、生态、组织、文化教育、公共服务等多方面的发展。南岭瑶族乡村旅游社区的发展既可以丰富当地社区基础，增加公共服务内容，也可以为社区居民生活提供便利的生活设施，提高社区居民的生活水平，同时也可以方便游客，为游客提供完善的旅游基础接待服务设施，解决游客在南岭瑶族乡村旅游社区的游玩过程中的基本的吃、住、行、游、购、娱等的基本服务要求。

恒定的市场需求是旅游业可持续发展的重要条件。旅游业的发展还依赖于宏观大环境以及合适的引导媒介。南岭瑶族乡村旅游社区的基础设施、社区生态环境、社区公共服务、社区民族文化传承、社区治理等方面发展的需求为当乡村旅游营造良好的发展背景，成为南岭瑶族乡村旅游社区可持续发展的拉力。南岭瑶族乡村游发展的条件，包括民族旅游资源开发、民族旅游社区旅游项目建设和服务设施配套，更是区域经济、社会发展、社区建设的一个重要部分。旅游发展决策必须以区域发展的宏观大环境为基石，注重产业分工、地域分工，以南岭瑶族乡村旅游社区可持续发展的观念，立足于营造旅游大环境，致力于创造旅游可持续发展和区域经济可持续发展的良性机制，并在此思想指导下，解决当地乡村旅游社区资源开发、项目建设布局等各个层面的可操作性问题，具体驱动机制如图 2 - 2 所示。

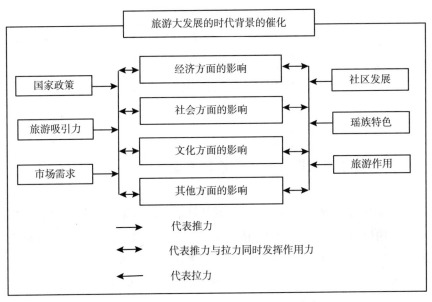

图 2 - 2　南岭瑶族乡村旅游社区发展驱动机制

第 三 章

南岭瑶族乡村旅游社区影响
因素指标体系构建

第一节 评价指标体系构建的逻辑与原则

一、评价指标体系设计的逻辑基础

系统评价是指根据事先确定的系统评价目标，通过资料的收集和提炼，采用恰当的评价方法，从技术和经济等方面对各种备选方案的价值属性进行评定和排序，提供给管理决策者进行方案选择。也可以说，系统评价指管理者以某一评判标准对客体进行衡量的一系列程序。换言之，系统评价是管理者或相关人员按照既定的目标来衡量客体的相关特征，并将其提炼为主观效益，进而形成系统价值的一系列过程。简而言之，就是全方位衡量客体的价值。价值往往与评价主体、评价对象所处的环境状况密切相关，常用来衡量某一特定效用对客体满足某一特定规则的评估。因此，在构建南岭瑶族乡村旅游社区发展的评价指标体系的过程中，可参照系统评价的基本逻辑，如图 3-1 所示。

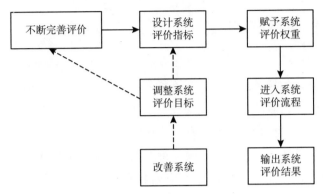

图 3 - 1　系统评价的基本逻辑

二、评价指标体系构建原则

南岭瑶族乡村旅游社区发展评价指标体系必须建立在一定的基本准则之上，通过对基本原则的正确把握，对选取的南岭瑶族乡村旅游社区发展影响评价指标进行合理评估。

考虑到南岭瑶族乡村旅游社区发展影响评价指标体系中存在着诸多协同发展的要素，因此确立的基本原则要充分考虑到南岭瑶族特色、乡村旅游社区发展的特性及诸多影响要素的特质。周阳敏（2014）认为在研究过程中应遵循科学性与可操作性相结合原则、完备性与关键性相结合原则、稳定性与非均衡性相结合原则、可比性与动态性相结合原则、主观性与客观性相结合原则、普遍性与特殊性相结合原则。熊剑平等（2015）提出在一般协同管理发展过程中一般会遵循多样性原则、竞争的公平性原则、协同性原则，促使双方发挥各自特长、优势，或及时转轨创新，以求得双方的共同发展和社会共同繁荣。范姗姗等（2018）认为，为了客观地反映农村社区发展状况，构建新型农村社区发展状况综合评价指标体系时须遵循如下原则：科学性原则、全面性原则、一致性原则、现实性原则、可比性原则。

因此，在构建南岭瑶族乡村旅游社区发展影响评价指标体系时，应当遵守以下几大原则。

（一）科学性原则

在构建南岭瑶族乡村旅游社区发展影响评价指标体系时，应充分考虑其科学性，不科学的评价指标体系会导致评价结果的偏差，进而对南岭瑶族地区乡村旅游社区实际发展水平评价的客观性造成影响。评价指标体系的设计要符合乡村旅游发展依托资源的特点和真实情况，也要符合南岭瑶族地区的区位优势、民族特点以及乡村旅游社区发展构成要素的属性及特征，建立的指标体系应当具有可靠性、科学性、简洁性等特性。

（二）全面性原则

南岭瑶族地区乡村旅游社区发展影响评价指标应是对南岭瑶族社区在乡村旅游发展及当地社区发展中相互关联的主要方面，涵盖了乡村社区基础设施建设、公共服务、社会保障制度、民族文化的保护与传承、自然资源与人文资源的利用状况、经济发展状况等方面的内容。

（三）一致性原则

南岭瑶族乡村旅游社区发展的测评指标的构建应充分考虑国家政策的导向，避免与国家政策出现背道而驰的现象，而应当与国家宏观政策如可持续发展观、美丽乡村建设政策等保持高度一致。

（四）现实性原则

在现实中，不同社会时期的农村社区的发展状况存在很大的差异，因此，评价指标体系的构建应充分考虑现实情况中社区的发展状况。指标体系应当根据不同区域、不同时期、不同经济发展状况、不同民风民俗进行相应的调整，使得社区评价指标体系符合当地的现实特征。

（五）可比性原则

在对南岭瑶族乡村旅游社区发展状况进行评价的过程中，指标的选择应该能够反映南岭瑶族地区乡村旅游社区之间的共同特征，且用于衡量指标的标准应当保持一致，便于对比衡量。

第二节　评价指标体系的选择与构建

一、评价指标的依据

（一）国家及地方政策

2006 年 2 月颁布的《中共中央 国务院关于推进社会主义新农村建设的若干意见》明确提出了建设社会主义新农村的总体思路和目标要求。文件要求应以"生产发展、生活宽裕、乡风文明、村容整洁、管理民主"为原则，全方位打造新型农村社区。

2006 年 7 月，国家民政部颁布了《关于做好农村社区建设试点工作推进社会主义新农村建设的通知》，正式启动农村社区建设试点计划。之后，部分地区为寻找新型农村社区建设的有效途径，大力开发村寨的各项资源，完善社区内部基础设施建设，依托地方党政组织，充分调动群众在社区建设中的积极性，提高农村社区公共服务质量，大力开发地方特色产业以增加村民及村集体的收入，不断提高村民的政治觉悟及文化素养，从文化教育、生产生活、社会保障制度等方面加强新型农村社区的建设。其主要内容包括：农村社区民主政治建设；农村社区文化建设；农村社区社会保障体系建设；农村社区平安建设。

2007 年 10 月，党的十七大报告《高举中国特色社会主义伟大旗帜为夺取全面建设小康社会新胜利而奋斗》提出：要健全基层党组织领导的充满活力的基层群众自治机制，扩大基层群众自治范围，完善民主管理制度，把城乡社区建设成为管理有序、服务完善、文明祥和的社会生活共同体。

2008 年 1 月，浙江省安吉县正式提出"中国美丽乡村"计划，出台《建设"中国美丽乡村"行动纲要》，提出用 10 年左右时间，把安吉县打造成为中国最美丽乡村。2012 年，安吉制定了《美丽乡村建设规范》《美丽乡村公共服务设施设置及管理维护要求》等近 20 项地方标准规范，提出的美丽乡村具体实践要求如下：村容整洁、污水处理、民生保障、环境美化、全民文化、旅游产业化。

2008 年 10 月，党的第十七届中央委员会第三次会议审议通过了《中共中央关于推进农村改革发展若干重大问题的决定》，着重强调了社区管理体制的改革，要求要以农民为核心，全心全意服务于农民，加强对农村社区的建设与管理，建立完善的社区管理制度，从而构建和谐美好的社区生活环境，着重强调必须加强对农村社区的建设，建立完善的社区管理制度，进而构建和谐稳定的农村社区环境。

2009 年 10 月，《中共山东省委山东省人民政府关于大力推进新型城镇化的意见》中针对全面推进新型农村社区建设做出了以下决策。要求以县域村镇体系规划和土地规划为基本准则，以中心村为核心，以新农村建设等宏观政策为切入点，用 5 年左右时间实现农村社区建设全覆盖。逐步实施迁村并点政策，从而减少土地资源的浪费，实现资源共享，全面加强农村社区的基础设施建设，提高社区的公共服务水平。

2015 年 5 月，中共中央办公厅、国务院办公厅颁布的《关于深入推进农村社区建设试点工作的指导意见》重点强调了农村社区建设中的几大任务：充分发挥村政组织领头作用，以村民自治，健全农村社区建设制度；提高人口流动率，加强社区公共服务设施的建立；拓宽新型农村社区建设渠道，形成社区建设主体多元化的布局；提高村民法治意识，维护社区法制环境；全面提高社区公共服务水平，完善公共服务设施建设；提高村民对自身文化的认同感，大力发展社区文化；加强社区生态环境的治理，创建良好的人居环境。

2015 年 6 月，国家标准《美丽乡村建设指南》（GB32000—2015）下达实施，美丽乡村建设从方向性概念转化为定性、定量、可操作的工作实践，其为全国提供了框架性、方向性技术指导，成为全国首个指导美丽乡村建设的国家标准。标准中指出美丽乡村是经济、政治、文化、社会和生态文明的协调发展，是规划科学、村容整洁、生产发展、生活宽裕、管理民主、乡风文明，宜居、宜业的可持续发展乡村（包括建制村和自然村）。

2016年11月，国家民政部颁布的《全国农村社区建设实验县（市、区）工作实施方案》主要强调了以下几项内容：创新农村社区的管理制度，进而提高社区管理水平；深入了解农村社区建设的主旨所在，形成相应的建设规划；大力完善农村社区公共服务设施；积极开展相关宣传，提高居民的互助服务意识；对村民开展相关知识的培训，提高其社区建设的业务水平；加强相关人才的培养和引进，建立专业的农村社区建设团队来开展相关社区工作。

2017年10月，党的十九大报告提出，在乡村振兴战略实施的过程中，"三农"问题是其发展要解决的最基本的问题，同时也是首要问题，要将农业农村的发展放在首位，以产业兴旺、治理有效、生态宜居、乡风文明、生活富裕为原则，健全城乡融合发展机制，全面促进乡村振兴战略的实施。

2018年9月，中共中央、国务院印发的《国家乡村振兴战略规划（2018—2022年)》是以习近平总书记关于"三农"工作的重要论述为指导，按照产业兴旺、生态宜居、乡风文明、治理有效、生活富裕的总要求，对实施乡村振兴战略作出的阶段性谋划。

2019年6月，国务院发布的《关于促进乡村产业振兴的指导意见》指出，产业兴旺是乡村振兴的重要基础，是解决农村一切问题的前提，同时提出优化乡村休闲旅游业，培育一批美丽休闲乡村、乡村旅游重点村，这为南岭瑶族发展乡村旅游社区指明了方向。

（二）研究基础

南岭瑶族乡村旅游社区发展影响要素的评价指标体系蕴含了乡村旅游发展要素及乡村社区发展的要素，并且在南岭瑶族地区这个文化场域内，凸显南岭乡村旅游社区的地域特色、瑶族的民族文化特色，因此要综合借鉴前人研究结果，参考下列相关农村社区发展、乡村旅游可持续发展、考虑设计相关的评价指标体系。

在乡村旅游发展中，可以从地域条件、旅游资源基础、社区参与、旅游产业本地化、可持续发展等五个方面考究乡村旅游特色及发展情况（冯淑华等，2007），需从经济、社会、资源、环境四个方面评价乡村旅游可持续发展（曹雪等，2009），以及从乡村旅游基本情况、经济效益、游客接待、农民增收和就业、基础设施建设（易丹辉等，2015）等方面构建南岭瑶族乡村旅游发展影响评价指标。

在南岭瑶族乡村旅游社区发展影响评价中，可以借鉴以下理论成果：农村和谐社区建设发展评价主要由人与人的和谐、人与自然的和谐、人与社会的和谐、社会与自然的和谐四部分组成（潘剑，2012），社会主义新型农村社区建设的评价指标体系包括生产发展、乡风文明、生活宽裕、管理民主以及村容整洁五大类指标评价体系（李建，2014）。社区建设发展综合评价主要囊括了社区的民主、安全、文化、管理、环境、服务六大部分（闫笑非等，2015）；民族社区发展应选取经济增长、和谐程度、社会发展、文化活力和生态质量等五个指标（滕明兰，2015），以及社区自身发展的基本情况、经济基础、村民意愿性、技术设计和文化保护价值5个一级指标（马宗帅等，2016），可持续发展、社区文化氛围、基础设施建设、社区管理与服务（范姗姗等，2018）中的相关指标。

二、评价指标的构建

在南岭瑶族乡村社区发展过程中需重视农村社区建设，利用好国家级地方政策进行乡村旅游社区建设与发展，提高农村社区的管理水平和公共服务水平，能够为南岭瑶族乡村社区的建设提供发展平台；能有效化解农村发展中的各种矛盾，平衡各大利益关系，充分调动社区居民参与社区建设的积极性和自主性。应大力倡导乡村旅游产业支撑社区建设与发展。基于此，选择的南岭瑶族乡村社区发展的评价指标如下。

（一）社区基础设施

本书关注的农村社区的基础设施是狭义的基础设施，即乡村的经济性基础设施，其主要包含电力、供水排水、交通运输、通信等公共设施和公共工程。其中，道路交通的发展不仅对于农副产品的运输、农业生产的生产资料的运送至关重要，而且对于城市游客前往乡村旅游的便利性也至关重要；通信与电力的发展，不仅为乡村社区居民提供了对外交流和沟通的重要平台，促进新技术、新知识的传播应用，而且推进了都市游客与乡村居民的信息交流，帮助扭转乡村落后的观念和思想，提高劳动者的科学文化素质。

（二）社区生态环境

2005 年 8 月，习近平发表了评论"绿水青山就是金山银山"。在该评论中，其表示，应当大力提倡生态经济，利用生态环境的优势大力发展各大生态产业，如生态旅游业、生态农业等，以绿水青山锻造金山银山。农村的绿水青山，是其生态环境保持良好的佐证，也可以将生态优势变成经济优势，体现了一种浑然一体、和谐统一的关系。农村社区的生态环境好了，成为一种旅游资源，形成旅游吸引力，带来了大量的游客进行游览，产生消费行为，为农村社区带来了新的收入，此时就好似搬来了一座座"金山银山"。该理念不仅强调了生态环境的重要性，也强调了可持续发展观、人与自然和谐相处等理念。

（三）社区公共服务设施

农村社区公共服务设施与农民的生产和生活密切相关，公共服务设施的供给决定了广大农民生产生活状况的改善。"生产发展、生活宽裕、村容整洁"等作为社会主义新农村建设的重要指标，也通过基础性公共服务设施建设得以体现。加强南岭瑶族乡村旅游社区公共服务设施建设，有利于加快推进农田水利设施、交通设施、网络通信设施、环境卫生实施、文化教育设施等基础设施的建设，使得农村社区逐步趋于信息化、技术化、现代化；也有助于提升农村的生产生活水平，进一步满足村民对于美好生活的追求，使得村民的生活状况得以改善，促进其整体文明和素质的提升以及思想观念的转变。同时，有助于游客来到农村社区开展旅游活动，享受到便利的生产生活设施；也有助于游客感受到新农村社区建设的物质成果，获得精神享受。

（四）社区民族文化

在当前社会的发展中，现代化都市的快节奏生活使得城市居民逐渐产生对都市的厌倦，渴望脱离自己日常的快节奏生活，体验与城市截然不同的乡村慢节奏生活，欣赏田园风光，接触与自己文化体系不同的乡村文化，这一切为"乡村旅游"带来了契机。城市和乡村两者之间的反差度与乡村旅游目的地对游客的吸引力之间是一种正相关关系。也就是说，旅游者在乡村旅游过程中所体验到的事物越偏离其日常生活的体验，乡村旅游的发展就越好。总而言之，乡村旅游的内部驱动因素主要是"地方力量"，其吸引力主要来源于地缘性知识体系和族群特色。

（五）社区经济发展

在当前社会的发展中，人类的生产生活与社区之间有着密切的关联性，社区经济的发展在一定程度上决定了居民的生活水平。应当将社区中的各项经济资源整合到一起，充分发挥每一项经济资源的有用性，大力发展社区经济，形成一种全新的经济运作方式，使得社区经济服务于社区集体利益，提高居民的经济收入，进而带动整个社区甚至是更大区域内的经济发展水平。地方特色农业经济的发展是发展社区经济、建设南岭瑶族乡村旅游社区的必要前提。南岭瑶族地区生态环境良好，民族文化历史悠久，适宜发展乡村旅游业，有助于形成南岭瑶族地区新型农村的特色经济产业，有助于增强南岭瑶族社区自身造血功能，增强各社区的发展意识和发展观念，改善社区的创业增收形势。

（六）社区治理

在农村市场经济的不断发展与变迁中，居民所享有物质水平底线能否得到保障，决定了社会是否能够长治久安。基层治理理念就是针对这一现象而产生的一种治理制度，其代表着农村市场的转变以及经济发展的结果。在南岭瑶族乡村旅游社区发展过程中，乡村旅游的发展推动了社区经济的发展，社区居民自发、自愿、自觉地开展社区治理工作，也保证乡村旅游顺利开展。

综上所述，南岭瑶族乡村旅游社区发展评价指标体系见表 3 - 1。

表 3 - 1　　　　　南岭瑶族乡村旅游社区发展评价体系

准则层	指标层
社区基础设施 A_1	房屋、道路、桥梁等建筑传承地方民族特色，有利于开展旅游业 A_{11}
	设置乡村旅游景点指示牌，主干道按照要求设置道路交通标志 A_{12}
	道路、供水、排水、供电、通信、网络等各项基础设施配套完备，可供村民及游客使用，满足开发旅游业需求 A_{13}
	具有住宿和餐饮接待设施与服务，可供村民及游客使用 A_{14}
	交通便利，有公共交通工具，方便村民及游客进入 A_{15}
	规划设计公共停车场，可供村民及游客使用 A_{16}
社区生态环境 A_2	自然与人文资源有当地特色，具有旅游吸引力 A_{21}
	当地生活环境良好，划定畜禽养殖区域，人畜分离，有利于开展旅游 A_{22}
	卫生环境良好，有专人负责处理垃圾，垃圾收集处理设施完善 A_{23}
	生态环境容量大，能批量接待游客 A_{24}
	旅游发展促进培养村民良好卫生环境意识 A_{25}

准则层	指标层
社区公共服务设施 A_3	具有游客服务中心或相似功能的对外接待服务处 A_{31}
	建立社区卫生服务机构，能满足居民与游客等的安全卫生需求，老人互助机构（如老人协会等）能维护社区公共环境，维护公共服务设施正常运行 A_{32}
	建有信息网络或渠道普及生产技术、旅游知识及开展营销活动 A_{33}
	建有职业技能培训的机构及相关培训制度，有利于提高居民旅游服务等相关技能 A_{34}
	建有公共厕所，专人负责，卫生状况良好，可供村民及游客使用 A_{35}
	建有休闲娱乐的游憩、体育运动设施及广场，可供村民及游客使用 A_{36}
民族文化保护传承 A_4	乡村物质文化（古村落、古建筑、古文物等）得到整修和保护 A_{41}
	乡村非物质文化得到保护和传承（民间民族表演艺术、传统戏剧和曲艺、传统手工技艺、传统医药、民族服饰、民俗活动、农业文化、口头语言等），并有专门机构及专人负责 A_{42}
	设有民族及当地文化的传播和交流的机构和机制，培养文化传承人才 A_{43}
	建有民族及当地文化展演舞台，促进村民及游客了解社区民族文化 A_{44}
社区经济发展 A_5	具有农、林、牧等特色产业经济，为村民及游客提供特色产品 A_{51}
	当地有序开展住宿、餐饮、商品、娱乐及服务等旅游经济活动 A_{52}
	建有旅游发展公司、理事会、协会等合作互助社（组织） A_{53}
	旅游发展能够增加村集体经济收入，为旅游发展提供经费支持 A_{54}
	旅游开发能够为当地提供就业岗位 A_{55}
	村民积极支持、参与旅游开发 A_{56}
	村民旅游收入持续增长 A_{57}
	当地开展电商经济，能够为村民及游客提供便捷服务 A_{58}

准则层	指标层
社区治理 A_6	村委会工作公平公正，村民支持村委会工作 A_{61}
	旅游开发促进村民增强对民族的认同感 A_{62}
	族老等乡村精英（如商业精英、政治精英和社会精英）在旅游开发与社区建设中发挥重要作用 A_{63}
	村民法制意识强，为村民及游客营造安全环境 A_{64}
	社区居民民风淳朴，居民与游客关系和谐，构建民族和谐社区 A_{65}

第四章

南岭瑶族乡村旅游社区发展现状及问题分析

第一节　案例地概况

一、选择的依据

瑶族是中国少数民族中时间上迁徙最久、最频繁，空间上迁徙最广阔，保存本民族特色极为完整的民族之一。南岭作为瑶族的聚居地，分布着许多瑶族人的行政区域，例如，广东省的乳源瑶族自治县、连南瑶族自治县、连山壮族瑶族自治县；湖南省的江华瑶族自治县；广西壮族自治区的富川瑶族自治县、恭城瑶族自治县……至于一些瑶族自治乡，更是星罗棋布密密麻麻，以至于广西境内南岭的一条余脉都叫大瑶山。

为了了解南岭瑶族乡村旅游社区发展基本情况，参考如下标准选择案例地，首先考虑的是国家民委确定的中国少数民族特色村寨，其次是在湖南、广东、广西三省区交界的富川瑶族自治县文化和旅游局、恭城瑶族自治县文化体育广电和旅游局、连南瑶族自治县文化广电和旅游局、连山壮族瑶族自治县文化广电旅游体育局等单位的推荐下选择的瑶族乡村旅游社区开展调研，最后确定了 12 个相关的瑶族乡村旅游社区展开调研、收集数据、分析实情。调研地主要有广东省韶关市乳源东坪新村、清远市连南南岗千年瑶寨和墩龙瑶寨、连州市畔水村和三水瑶寨，湖南省永州市江永勾蓝瑶寨、刘家庄和江华井头湾，广西壮族自治区富川岔山村、福溪村和恭城红岩村、北洞源村。为了调查了解南岭瑶族乡村旅游社区发展情况，本课题组成员历时 4 年，分批、分期开展了实地调查与游客和社区居民的问卷调查，并根据实地考察与访谈将对获得的调研数据进行分析。

二、案例点概况

（一）广东省连南瑶族自治县南岗千年瑶寨

1. 地理位置

南岗千年瑶寨（以下简称南岗）属广东省清远市辖内，距离连南县城西南 27 千米。南岗千年瑶寨海拔约 808 米，占地面积 159 亩（1 亩 ≈ 666.7 平方米），曾获得"中国历史文化名村""中国传统村落""中国少数民族特色村寨"等称号，属于国家 4A 级景区，也是广东十大最美古村落之一。千年古寨东与寨岗镇交界，南与横坑村相邻，西与涡水镇接壤，北同油岭村相接，且依山而建，房屋层叠，错落有致，石板道纵横交错，主次分明。

南岗千年瑶寨是一个历经千年时光的瑶族人民聚居村寨，其初建于宋朝年间。据相关记载，在秦汉时期，南岗的瑶民也曾被称为"长沙武陵蛮"。瑶族最初生活在洞庭湖北面，由于战乱的爆发以及民族歧视等各方面因素的影响开启了迁徙的征途，其主要向湖南、广东和广西三省份的边界处迁徙。发展至隋唐年间，各地瑶民分别从不同方向进入广东省内部。相传，连南的瑶民先祖是从湖南道州、江华等地陆续迁徙而来，南岗是所有连南瑶族聚居村寨中最大也最具代表性的瑶族聚居地。南岗千年瑶寨是目前瑶族山寨中规模最大、保存最为完好的古建筑群，其内部拥有许多明清年间的古民居、古戏台、宗祠、盘王庙等最具代表性的瑶族建筑，并且其传统的生产生活设施、安全防护设施、管理制度等都得到了较好的保存，在一定程度上代表了我国瑶族特色传统民族文化。

2. 乡村旅游资源丰富

（1）自然旅游资源概况。南岗瑶寨地处石灰岩地形区，丹霞地貌特征明显，四周丘陵环绕。其建于海拔 803 米高的陡坡上，占地面积 159 亩，是连南八排瑶之一。南岗瑶寨建立在陡斜的山坡上，房屋间紧密地挨在一起，一般情况下，前屋的屋顶与后屋的地面同高。在房屋的中间有一条石板路穿寨而过，将各门各户相互连接在一起，形成一排一排的建筑格局。目前，南岗千年瑶寨的两道寨门和坚固的寨墙均为重建，第一道寨门距离瑶寨约 1 千米，寨墙高 6 米、宽 1 米，由巨大的石头筑成，用于阻拦外来人员，外人在获得许可之前是无法进入山寨的。寨门寨墙是用来防卫土匪和官兵的侵犯。

（2）人文旅游资源概况。南岗有着悠久的历史，拥有许多人文资源，其以风水为基础进行规划布局，寨中房屋建筑、道路铺设合理，更有历史悠久的瑶王古屋得到了很好的保存。南岗的房舍大多建于明清时期，其材质独特，造型优美。其房屋均建筑于斜坡之上，由石板路串联各房屋，从而形成一排排的屋舍格局。寨中民居主要有三种，分别为住宅、谷仓、柴寮。明代墓葬、南岗庙等人文建筑资源保存完好。

（二）广东连州市畔水村

1. 地理位置

畔水村位于广东省清远市阳山丰阳镇西北部，距离丰阳镇区 3 千米。畔水村交通便利，在外部交通方面，一有二广高速公路经过畔水村并有高速连接口，该道路于 2014 年 12 月 31 日全线通车；二有距畔水村 3.5 千米的 S114 省道连接丰阳镇和东陂镇等乡镇，便于周边形成连片优势，联动发展，在内部交通方面，畔水村毗邻朱岗村，有多条村道，共同贯穿两村，已经实现道路村村通，这成为畔水村在交通方面的优势，为产品运输、旅游、出行、招商等带来机遇。

畔水村获得了连州市 2014 年度创建平安村居工作"先进单位"、连州市 2014 年度"先进农村经济合作社"、2014 年度"先进基层党组织"、连州市 2014 年度先进村民理事会、"最美乡村"，2016 年 10 月获得广东省民间文化遗产抢救工程"广东省古村落—畔水村"称号。

2. 旅游资源概况

（1）自然旅游资源概况。畔水古村的建筑布局为"三河环绕如船"，历来被称为"船形畔水"。村内建有畔水村花海，花期三个月，从 9 月开放到 11 月。该园区目前种有百日草、格桑花和波斯菊等，目前建有爱情林、婚姻草坪、跑马场、花果采摘以及露营区等相关配套设施，将其打造成集假日休闲度假、赏花采摘游乐、体验农村生活的景点。畔水花海以村寨生态环境美化为主题，在建设美丽乡村的基础上带动了当地经济的发展，打造了一个可观、富民、宜居的人造景观，从一定程度上提高了村寨的品质与格调。

（2）人文旅游资源概况。据畔水村《成氏族谱》记载，畔水古村始建于明朝成化年间。岁月的痕迹镌刻在村内的建筑上，仿佛一幅幅水墨画，带领着我们穿梭于时间的长河。该村民风淳朴，传统文化历史悠久，至今保存有明代建筑，如将军府、成氏祠堂等，当地的村民喜爱民间传统艺术——舞狮、唱春牛等，极大地丰富了村民的文化生活。

（三）广东连州市三水挂榜瑶寨

1. 地理位置

三水瑶族乡位于广东省连州市的西北部，东与连州市瑶安瑶族乡相连，南接连州市丰阳镇，西与湖南省的蓝山县交界，北与湖南省的蓝山县、临武县接壤，总面积 139.1 平方千米。三水挂榜瑶寨民俗村距连州市区约 45 千米，距三水瑶族乡政府 2 千米，位于三水瑶族乡北部，紧邻 S114 省道，交通地理位置极具优势。该村坐落于梯田之间，周边竹林茂密。三水瑶族乡是瑶族风情特色乡，三水乡政府要求要做好"旅游 +""生态 +"以及农旅融合的文章，深度发展文化生态旅游和休闲观光农业。目前，政府深入挖掘广东最美乡村挂榜瑶寨的旅游潜力，要建设集餐饮、住宿、烧烤、会议、露营、采摘、观光、摄影于一体的挂榜瑶寨旅游新亮点，2018 年要完成三水瑶族乡山楂树挂榜瑶族文化生态旅游项目规划，完成挂榜瑶布袋木狮舞传承基地建设，全力打造挂榜瑶寨"风情游"。

目前，已建成瑶族风情展示区，其主体为具有民族特色的四合院、民宿与山庄，用于开展瑶族文化的展示、交流、节庆、研讨等民族文化交流活动与接待游客；完成瑶族文化的盘王殿、风雨桥等古建筑的重建修复，修缮挂榜村东门，完善少数民族特色浮雕围栏；利用整合土地种植茶叶，发展茶叶种植产业与观光农业。2019 年已建设挂榜布袋木狮舞传承培训基地。

2. 旅游资源概况

（1）自然旅游资源概况。挂榜梯田历经几百年积累，瑶族儿女年复一年、日复一日地在这里耕耘，形成了当地特有的农耕文化以及壮丽的梯田。一层层、一片片的梯田从山脚下一直蔓延到山顶，直指蓝天。从夏天到秋天，梯田的色彩从绿色过渡到金色，到稻子金黄的时节，是挂榜梯田观光、休闲、度假、摄影的旅游高峰期。

（2）人文旅游资源概况。挂榜木狮舞是广东省仅有的、全国罕见的广东省非物质文化遗产。布袋木狮舞是瑶族喜闻乐见的一种道具舞，是当地所独有的一种歌舞形式，其见证了三水瑶族乡世世代代历史的变迁。木狮舞的狮头以泡桐木为原材料，经过细心雕琢而成，其狮身是以黄色布料做成的，根据大小的不同可装 2~8 人不等。彼时音乐一起，狮头随节奏而动，形象生动，情趣盎然。木狮每表演一个造型为之一象（亦叫景），总共有 72 象（景）。因其浓缩地表现了当地瑶族的历史文化和风情习俗，被称为"连州瑶族历史活化石"。其于 2009 年成功申报成为广东省级非物质文化遗产保护项目。当地的盘王殿、风雨桥以及长鼓舞和坐歌堂也是特色人文旅游资源。

（四）广东韶关市乳源瑶族自治县东坪雕子塘村

1. 地理位置

东坪雕子塘村位于广东省韶关市乳源县东坪镇境内、城北 3 千米的云门山下，距离东坪镇约 15 千米。新村背靠云门山，面朝乳江河，山光水色，宜居宜业。雕子塘村是东坪镇瑶区新村的一个瑶族村庄，位于乳桂沿线，距离县城约 3 千米，是东坪镇新村村委会的一个自然村，也是乳源县省级新农村文明示范片示范村之一。东坪新村共拥有山地 36 500 亩，人均山地 20 余亩，耕地面积 891.8 亩，人均耕地面积 0.5亩。其下属村落雕子塘村有梯田 100 余亩，林地 1 000 余亩。

2. 旅游资源概况

（1）自然旅游资源概况。雕子塘建设得十分漂亮，为了达到"入景入眼入心"的效果，村庄结合新村建筑的民族特色，运用墙绘、浮雕、标志性异形牌、鱼形灯饰、石刻、花地牌、宣传栏、灯笼等形式，把核心价值观、中国梦、雕子塘的起源传说、村规民约、瑶族的非遗文化、表现勤俭美德的习俗与歌谣、谚语俗语、家训等内容融入景里、绘在墙上、刻在石上、挂在空中，使得整个村庄看起来别具一格。村口有大片的梯田，秋收季节，一片片金黄的稻子十分漂亮，村后的自然风光也十分秀丽。距离村子 3 千米左右的 4A 级景区云龙山为村寨带来了许多的游客。

（2）人文旅游资源概况。雕子塘居住的村民多为瑶族，其拥有许多传统的瑶族文化，其瑶家歌舞与瑶族传统节日十分具有吸引力。雕子塘的居民有许多传统，例如传统盛大节日"十月朝"、盘王节等。瑶族歌舞、瑶绣、旅游长廊也是其最重要的人文旅游资源。

（五）广东连南瑶族自治县墩龙瑶寨

1. 地理位置

连水村位于广东省清远市连南县三排镇的 107 国道旁，正处连南县和连州市的交界之处，距离连南县城 15 千米、三排镇政府 9 千米，连水村是一个老革命区，也是一个建立在大山中的少数民族贫穷村寨，素有"九山半水半分田"之称，其经济发展十分落后。目前，墩龙瑶寨移民新村占地面积为 100 亩，总共建有 60 栋别具一格的新型瑶族民居。墩龙瑶寨移民新村先后获得了"广东名村""中国少数民族特色村寨""清远市生态示范村""广东省休闲农业与乡村旅游示范点"等荣誉称号。

2. 旅游资源概况

（1）自然旅游资源概况。万山朝王位于广东省清远市连南瑶族自治县以南 11 千米处，地处三排镇油岭村和山溪村之间的山谷中，瑶族人家世代居住于此，"万山朝王"这个名字也来源于当地瑶族人民的文化。万山朝王所处的地方山高谷深，无数险峰绝壁连在一起，并且这些石山都是背朝东北方向，颇有一种集体朝拜的感觉。瑶族人民相信，盘古王是瑶族始祖，因而瑶民对于盘古王都心生敬畏，正是这个原因，他们把这些石山拟化为人，每一座都是他们自己，就像在对盘古王虔诚朝拜，故将此地称为"万山朝王"。万山朝王群峰耸立，怪石嶙峋，姿态万千，瑶族人民看到这么多形态各异的山峰，便根据瑶族文化，将许多山峰比拟为人或物，因此，当中随处可见有名字的山峰，比如盘王山、老君山、抱孙山、情侣山、望夫山、姐妹山、豆腐八王点兵山、龙飞山、老鹰山等，每座山峰都有其传奇的故事，承载着瑶族人民千百年来的文化积淀。

云海花谷位于连南三排镇进油岭路口，是一座面积近万亩的花海园区。连南山高谷深，加上四季湿热，别的地方难得一见的云海景观在这里也能经常看到。由于光照水汽充足，这里很适合各种花卉的生长，是真正的花卉天堂，现实中的"万花谷"。园区以红枫为主题，也种有很多常见花卉，比如紫罗兰、鲁冰花、飞燕草、薰衣草、风信子、郁金香，也有很多珍奇花卉共 300 多个品种，各种创意花海三步为景，形态各异，造型多变，令喜爱花卉的岭南人民流连忘返。云海花谷除了美丽的万亩鲜花，还有岭南地区难得一见的山间云海，当第一缕阳光升起，山间云雾缭绕，花海与云雾、山景交相辉映的时候，云海花谷便美得像个童话世界。

（2）人文旅游资源概况。当地最隆重的节庆当属"盘王节"，又叫"调盘王""还盘王愿"。每年农历的十月十六，是瑶族人民纪念祖先的盛大传统节日。每逢盘王节，墩龙瑶寨的瑶族村民盛装出席、载歌载舞、欢聚一堂，准备祭祀物品，举行祭祀仪式，其热闹程度胜过春节。这一天，除祭祀盘王以外，也是村寨中已到婚配年龄的男女的"相亲大会"，寨中男女均采取对歌的方式寻找良人进行婚配。整个节日期间均呈现一片繁荣的景象，热闹非凡。"盘王节"作为村民祈愿、欢庆的一种祭祀相关的仪式，是旅游发展中的一大助力。

（六）湖南江永瑶族自治县勾蓝瑶寨

1. 地理位置

江永勾蓝瑶寨位于湖南省永州市江永县的兰溪瑶族乡东南面，由大兴村、上村和下村组成，与广西富川县朝东镇油沐乡交界，距江永县城 35 千米，面积 12 平方千米，村辖 9 个村民小组，由平山、尾山、雷山环绕。勾蓝瑶寨历史悠久，早在清朝乾隆年间就有着关于勾蓝瑶寨的记载。在上村鼎建戏台碑上，记载着关于勾蓝瑶寨名字的由来。其碑上写道："予祖昔居万山中，山勾联透漏，溪水伏流，故名'勾蓝'。"即该瑶寨是由于其群山之间的勾连和蓝色的溪水而取名为"勾蓝"的。该村古建筑群已被省政府公布为省级文物保护单位，也是中国传统村落。

2. 旅游资源概况

（1）自然旅游资源概况。勾蓝瑶寨属亚热带季风湿润气候，海拔在 200～300 米之间。村落所在地是典型的喀斯特地貌区，四周层峦叠翠、群峰俊秀。境内农田碧溪，天水一色，青山、流水、小桥、人家布局的古村落。古寨拥有优美的自然风貌，村中兰溪河蜿蜒盘桓，形成了"枕山、环水、面屏"的风水格局。旧时有兰溪八景：第一景蒲鲤生井（上村蒲鲤井、旗山庙）；第二景山窟藏菴（佛地龙岩菴）；第三景犀牛望月（犀牛桥）；第四景天马扫槽（关帝庙、古寨城墙、培元桥）；第五景石窦泉清（清水菴）；第六景古塔钟逵（宝塔寺）；第七景亭通永富（永富亭、湖广通径）；第八景岩號平安（龙母洞）。

（2）人文旅游资源概况。勾蓝瑶族在西周、秦汉时期就建有大批量的古建筑，包括城防门楼、民居街巷等。唐王李世民赐福兰溪建庙后，勾蓝瑶族人为感谢唐王的关爱，先后建起了秦王庙、关帝庙、清水庵等唐代庙庵。从汉至清的各个朝代期间，勾蓝瑶寨方圆 6 千米以内曾先后建造过寺、庵、庙、阁、观、宫共 68 座（其中寺 49 座，庵 8 座，庙 5 座，阁 3 座，观 2 座，宫 1 座）以及古碑 400 多方。村寨中尚存的古民居以明朝年间和清朝年间的为主，分别为 22 栋和 51 栋。此外还留存有大量清朝年间所建的祠堂、门楼、风雨桥等古建筑，其数量分别为 14 座、24 座和 12 座，勾栏瑶寨的建筑风格独特，融合了汉族、瑶族、壮族等民族的各种元素。其历史上所建筑的城防系统保存较为完善，建筑的城墙长度可达 4 千米左右，并保存有城堡、城门各 10 座，守夜屋、关厢分别为 20 座和 30 座。

"兰溪洗泥节"又称为"苦瓜节"，是湖南省非物质文化遗产保护对象中的一员，也是当地特色的民俗节庆活动，于农历每年五月十三举行。在过去，村民耕作地与居住地之间相隔甚远，每逢农忙之时，村民便居住于"牛庄屋"中，当其生产活动告一段落后，村民将自身、牛以及各种劳作工具上的泥土清理干净后再回村，因而名曰洗泥节。因回家后均会制作苦瓜丸子并且举办苦瓜宴，又称"苦瓜节"。

（七）湖南江华瑶族自治县井头湾村

1. 地理位置

井头湾村位于湖南省永州市江华县西南面大石桥乡境内，距县城35千米，紧挨岭头寨村、杨家木园村、沙井村、牛尾背村，井头湾村靠近207国道，西与广西接壤。地理坐标为东经111°26′~111°30′，北纬24°51′~24°53′，占地面积11 679亩。井头湾村为典型的喀斯特地貌，其"瑶都水乡，梦里桃源"的美誉就来源于村内群山环抱、古木参天、水流遍布的美景。明末清初，蒋氏始祖蒋汝新携子蒋宗文、蒋宗易在井头湾溪边落户。因村头有一口见头不见尾的龙头井，大井分三股清泉环流村庄，古居民巷道纵横成"井"字形，故名曰"井头湾"。井头湾古民居始建于1730年。2015年，井头湾村被列入第四批中国传统村落名录。其先后获得了"湖南省美丽乡村""湖南省最美少数民族特色村寨""湖南省文化古村落""中国少数民族特色村寨""中国传统古村落"荣誉称号，是一个极具瑶文化特色和江南水乡特点的明清古村落。

2. 旅游资源概况

（1）自然旅游资源概况。井头湾村的民居建筑依后龙山而建，大多呈南北布局，因山体地势高山脚的井水常年不断，分东、西两个方向流淌，西边用于农田的灌溉，东边流经村内，是村民日常生活用水来源。整个村庄依山傍水，风景十分秀丽。村内水系发达，水网密布，西河水由南往北从村旁流过，龙头井水源源不断，分二流蜿蜒流经村庄，最后汇入西河，丰富的水资源为农业提供了优越的条件。龙头井有良好的储蓄和排泄功能，无论在雨水季节还是干旱时水位均保持不变。龙头井实则为途经地下阴河流淌而来的溪河，称为井溪，这也是井头湾村村名的由来。村内还有独特的喀斯特地貌地下溶洞自然景观。

（2）人文旅游资源概况。井头湾村古建筑群是瑶族地区瑶汉杂居天井门楼试民居的典范，融合汉族对称性建筑风格和瑶族依山顺水建筑风格于一体，整合了瑶族建筑文化元素，展示了民族融合的优秀成果，迄今已有 180 余年历史，主要由三座大屋民居和上下座民居八字门文昌楼组成，现保存完好的古民居有 50 余座，占地面积 40 余亩。古村整体风貌以清代民居为主，保存较好的还有其古巷道、排水系统、防盗系统等建筑，保留了江南水乡韵味水系，其中有一栋是"九侯第"。据蒋氏族谱记载，蒋氏家族有八个儿子在朝廷为官且身居高位，清正廉明，朝廷内外一时传为佳话，其第九子在家务农，扶贫济困，在当地很有威望，乾隆皇帝得知这一情况，赐予第九子"九侯第"。清嘉年间，先祖汝新公路径井头湾，见到这里佳山胜水，于是举家移居至此，"九侯第"便坐落于此。

在村部礼堂改造为村民活动中心的过程中，政府投资了 20 万元，为传承瑶族织锦技术，该村曾组建了广场舞队、"梧州歌队"、龙狮队等演出团队。自 2015 年起，井头湾村每年举办织锦比赛，努力把井头湾村打造成"中国瑶族织锦第一乡"。组建的演出团队仅在传统节日如盘王节、赶鸟节有少部分表演，有时候也会邀请外地专业表演团队参加表演。井头湾村还有国家非物质文化遗产蝴蝶歌，省级非物质文化遗产婚嫁歌堂等。

（八）湖南江永瑶族自治县刘家庄

1. 地理位置

刘家庄位于江永县西北部的千家峒瑶族乡，与广西交界，距离千家峒乡政府驻地 3 千米，距县城 15 千米。全村地域面积为 8.9716 平方千米，辖金家屋、杉木源、中洞、谭家屋、谢家屋、西边、李母塘、塘尾巴，全村共 246 户，村民 1 172 人，党员 25 人，耕地面积 1 122 亩，其中水田面积 976 亩，山林面积 8 100 余亩。刘家庄的村民中 98% 是瑶族，被评为首批"中国少数民族特色村寨"、首届"全省最美少数民族特色村寨"、湖南省旅游名村、湖南省新农村建设示范村等，是永州市少数民族特色村镇建设的典型村寨。刘家庄有"湘南第一新村"的美誉。

2. 旅游资源概况

（1）自然旅游资源概况。刘家庄村有着独特的自然风貌，水资源丰富，拥有大泊水瀑布群可供参观，主要包括大泊水瀑布、龙潭瀑布、天女散花瀑布等18处瀑布。大树林立，山清水秀，空气清新，被誉为"天然氧吧"。刘家庄在庞岭龙潭山脉下，背靠大泊水瀑布和龙潭景区。前临千家峒盘王广场，位于千家峒国家森林公园核心区，是江永三千文化旅游之一。刘家庄村引进外商投资建设大型紫薇花苗木基地，种植面积为1 000多亩，远景规划2 000亩。

（2）人文旅游资源概况。刘家村不仅拥有难得的自然景观，更有极其深厚而独具民族文化特色的沉淀。千家峒盘王广场在瑶族古都千家峒核心区，总投资2 000万元，是全国首个瑶族盘王广场。广场以高21米盘王巨型塑像、龙犬雕塑、12根长鼓图腾柱雕塑群和12个农业生态园等多种表现形式，将发生在元朝的瑶族千家峒事件，再现世人面前，成为海内外瑶胞寻根访祖向往的圣地。刘家庄旁建有瑶族风格牌楼一座，瑶族民俗中心和民族学校各一栋。

（九）广西富川瑶族自治县岔山村

1. 地理位置

岔山村位于广西壮族自治区富川瑶族自治县朝东镇西北部，距离朝东镇约6.5千米，距离富川县约35千米。岔山村东面与东水交界，南邻秀水，西北两面与湖南接壤。传说某日天降异石，山开两岔，岔山村因此得名。其位于富川县瑶族自治县西北部，是秦汉时期从中原通过潇贺古道进入岭南的第一个入口，因此也称"潇贺古道入桂第一村"。荣获广西五星级乡村旅游区、全国乡村旅游重点村等称号。

2. 旅游资源概况

（1）自然旅游资源概况。岔山村属于喀斯特地貌，盛产石岩，因而青石在当地建筑中被大量作为建筑材料。民居中的石鼓、门槛、石柱础、古道、桥梁、石碑刻、天井、城墙等均为青石，并在上面大量饰以文饰。各类石雕题材多样、雕工精美，青石雕刻已成为当地民居中的一大特色和重要建筑构件。例如，双鱼古桥，于村外小河上，为青石桥，因桥面刻双鱼双生图案而得名；古井流芳，位于村口小河边，周长百年桂花古树，为地下山泉涌出，水质独特，清澈见底，长流不断，为天然的三套古井。除此之外，还有丰富的生物景观和水域风光。

（2）人文旅游资源概况。岔山村建于明代初期，兴于明中朝，距今已有 600 多年历史，具有后龙山和村前小溪组成的富川建寨格局，至今保存着秦汉时期的古道，该古道是汉武帝时期与海上丝绸之路的最早对接通道。该古老村寨的古民居、石板桥、石板路、石柱础、石碑刻、古戏台、古庙、古祠堂、古树、古井等保存相对完整。遗存下来的瑶汉文化内容丰富多彩，有以稻谷、红薯、白菜、烤烟、芋头等为代表的农业物文化；以秦汉时期的石板桥、石板路为代表的潇贺古道文化；以瑶族长鼓舞为代表的歌舞文化；以寨老和村规民约为代表的民族自治文化；以传统手工艺（手工竹工艺品、手工木工艺品、棋盘布、水路布、桃花布和花带等）为代表的手工艺非物质文化；以岔山水酒、油茶、糯米糍粑等为代表的岔山拥有国家级非物质文化遗产"传统竹编工艺"和"传统织布工艺"；有蝴蝶歌、溜喉歌、绣球歌、长鼓舞、耍春牛、舞龙舞狮等民族歌舞；有精美的瑶族美术和民间手工艺品，瑶族大花炮、瑶锦瑶绣、石雕木雕、竹编藤编等。为了促进当地乡村旅游发展，先后建有岔山博物馆、知青馆、兴隆风雨桥等建筑。

（十）广西富川瑶族自治县福溪村

1. 地理位置

富川福溪村景区位于广西贺州市富川瑶族自治县朝东镇境内，与湖南兰溪镇相邻，地处湘桂两省三乡交界处，距富川县政府所在地富阳镇40千米，距桂林市202千米。福溪村是国家命名的"中国历史文化名村"和"中国传统村落"，集古道、古镇、古圩、古村和古寨于一身。其在历史上曾经是潇贺古道上的一座军事古镇，也是盛极一时的商贸古圩，从村落建制上看，是一座典型的中国传统古村落，但从人文风情上考察，又是一座典型的古瑶寨。

2. 资源概况

（1）自然旅游资源概况。福溪村有着浓郁的田园风光以及喀斯特地形地貌山水风光。福溪村依山傍水，风景优美，是世外桃源般的存在。从古至今，人类的定居之所往往为依山傍水的风景胜地，而福溪村先民在定居之时便是看上了这片依山傍水的绝佳风水宝地。福溪村四面环山，植被葱郁，水源充足，是定居的绝佳胜地。福溪村前方种植了大片果林和水稻，村后有大片的森林，古木参天，林中居住着各种鸟类，自然资源十分丰富。村东面有一片茂密的森林，未有砍伐的痕迹，据村中老人所述，此处为龙脉所在，村中无人会在此处砍伐树木。

福溪村中的溪流福溪是村中的生命源泉，是其风水中的重要构成要素。福溪村坐落在秦皇古道上，坐东向西（震兑卦），在空间布局上保存了"一心、两带、多点"的传统风貌布局形式。所谓"一心"指的是村寨中居民集体活动之地，所谓"两带"指的是村中主要交通道路石板街和村寨往东的葱郁古林，而"多点"则指的是以各大家族宗祠、寺庙等为核心所建立的民居。村寨三面环山，村后有主峰来龙，左右有左辅右弼山，或称为青龙、白虎，周围山上树木葱郁，村前则有福溪的溪水潺潺，从风水学的角度来说，这属于人财两旺的绝佳居住胜地，布局"天人合一"为基本思路，以山水作为自然屏障，营造了在历史上人们所认知的最佳风水模式，即"负阴抱阳，背山面水"。在这一风水模式之下，村寨形成了一个相对较为封闭的空间，使得该村寨形成了较好的生态气候。

（2）人文旅游资源概况。富川福溪村是一个拥有悠久历史和厚重文化底蕴的传统村落，其古石街、古寺庙、古凉桥、古营盘、古门楼、古祠堂、古戏台、古民居等古建筑群独具特色，被誉为"华南古民居建筑史上的奇迹"。福溪历史上曾有24座寺庙、24座戏台、24座花街大坪、13座门楼、13条巷道、4座祠堂、4座书院，在900多米长的石板古街上有90多家商铺和90多个生根石。福溪村的主要景点有国家级保护文物百柱庙、潇贺古道、生根石景、钟灵风雨桥、马归槽、四姓祠堂、心想事成石、石象星云图等。

福溪村也有很多的传统习俗，最为著名的是"春牛踏青"，也称耍春牛迎春，是富川人民在春节举行的一种祈福仪式，渴望新的一年能够风调雨顺、有较好的收成。该活动共分为三个内容：迎春牛，耍春牛，送春牛；也有哭嫁习俗，在瑶族姑娘出嫁前一天晚上，所有的亲戚都来送行，整晚不睡"坐歌堂"，家里的人围坐在一起对歌（蝴蝶歌），用对歌的形式教育自家姑娘今后的生活道理。

（十一）广西恭城瑶族自治县北洞源村

1. 地理位置

北洞源村是坐落在桂林市恭城瑶族自治县东面平安乡的一个村落，距离恭城瑶族自治县城12千米，全村由北洞源、马塘、观音塘、石排岭共四个自然屯组成，分为27个村民组。北洞源村属于中亚热带季风区，气候温和湿润，年均气温约19.7℃，年平均降雨量1 400多毫米。其所处区域内土地富饶，自然资源丰富，植被覆盖率高，还拥有丰富的水资源，并在村中建有水力发电站。北洞源村是恭城瑶族自治县第一个实行农村社区化管理模式的农村，其赋予了新农村建设的新内涵。北洞源村是广西第一个"保险先进村",率先引进了先进能源环保技术——地源热泵空调热水器。同时,该村还是全国民主法制示范村、自治区"巾帼示范村"以及农村党员大培训十佳村。

2. 旅游资源概况

(1)自然旅游资源概况。北洞源村民风淳朴,自然风景秀丽,空气清新,河水清澈,交通便利,是一个旅游休闲度假的好地方。在北洞源村,石榴花瀑布颇为引人关注,它距离北洞源村中心八九里(1 里 = 500 米)处,沿着溪水从山道一路步行而去,可见溪水在各式各样的势头之间穿行,很是清澈。继续前行可到名为风潭的地方,在巨石间有一湾清泉,而风潭上方便为石榴花瀑布的一段,几十米高,潮湿的水汽随风飘扬。继续前行,山路十分坎坷,需借力于小树藤才可继续前进,在最高的瀑布之下有一水潭名曰金怪潭,深不见底,而再往上即为无法攀登的绝壁,瀑布可谓十分壮观。当地银杏林在金秋时节,风光无限美好,也成为远近知名的自然景点。

(2)人文旅游资源概况。北洞源村早在 2006 年便作为桂林市社会主义新农村建设示范点之一,是全县实施"富裕生态家园"建设的重点工程。目前建有 27 栋瑶家别墅楼、一栋综北洞源村合楼建设和旧村穿衣戴帽工程以及村门、拦河坝、龙星桥、石拱桥、滨江公园、小广场、停车场、公厕、人饮工程等一大批公益设施建设。北洞源村农村社区成为典型的乡村旅游社区,在农历"三月三"等特殊节日时会举办大型活动,吸引游客纷纷而至。2018 年,北洞源村当前开发了一个恒温游泳池,以迎合冬日游泳的游客需求,成为当地旅游业发展的一大特色。

(十二)广西恭城瑶族自治县红岩村

1. 地理位置

红岩村是恭城瑶族自治县莲花镇竹山村下辖的一个自然村,距莲花镇1.2千米，位于莲花镇莲塘岭万亩无公害月柿生产基地深处，东经110°51′50″~110°52′20″，北纬24°44′00″~24°44′50″，海拔145米。地形地貌特征为山地、丘陵。位于恭城县南面14千米处，交通十分便利。红岩村自2003年首次举办月柿节后，每年均在秋季月柿即将成熟之际举办月柿节。截至2020年，已成功举办了十八届月柿节。红岩村先后被评为全区生态富民示范村、全区农业系统十佳生态富民样板村、全国农业旅游示范点、"全国十大魅力乡村"、绿色家园、全国生态文化村等。

2. 旅游资源概况

（1）自然旅游资源概况。红岩村山水青秀，房前屋后都是茂密的果树，村后是马头山，喀斯特地貌特征明显。此外，莲花河流经之处，绿柳成荫、翠竹林立，河水清澈见底，景色十分宜人。现有万亩月柿园、马鞍山、老虎山、平江河、风雨桥等自然景观。

（2）人文旅游资源概况。红岩村村庄文化底蕴深厚，至今还有较多的百年古柿及一些古建筑、拴马石、牌匾等。红岩村是集山水风光游览、田园农耕体验、餐饮住宿休闲、会议商务观光等多功能于一体的乡村特色旅游品牌，建有瑶寨风雨桥、滚水坝、观景台、环形村道、灯光篮球场、旅游登山小道、农具展览馆、朱氏祠堂、柿园观景台等旅游设施。村民自主组织了文工团，开发设计了竹竿舞、板鞋舞、击鼓传花、同乐舞、帽子舞、送歌舞、油茶舞和长鼓舞等极具地方特色和民族特色的舞蹈。

第二节　南岭瑶族乡村旅游社区发展现状的调查

一、问卷的设计与选择

本书调研所用问卷依据来源于前面构建的南岭瑶族乡村旅游社区发

展评价指标体系，问卷主要分为两大部分，分别是调查对象基本信息特征部分及调查问卷主体部分。问卷的主体部分将南岭瑶族乡村旅游社区发展分为社区基础设施、社区生态环境、社区公共服务设施、民族文化保护传承、社区经济发展、社区治理6个部分，其中共包含35个指标，并采用李克特九级量表为指标赋值，分别在南岭瑶族乡村旅游社区案例点中，请当地的社区居民和游客填写对这35个指标的认知，1~9表示分别从"非常不满意"到"非常满意"，详见附录1。调研人员以调查对象对南岭瑶族乡村旅游社区发展评价指标感知为主要调查内容，通过现场发放并收回问卷和深度访谈的形式展开随机抽样调研并掌握一手资料。

二、调研的过程

本书调研持续经历了四年，2015~2016年为预调研时期，主要通过实地考察的方式到当地了解实际情况，并进一步修改调查问卷。力求在语言表达方面更容易让调查对象理解。自2017年1月至2018年12月，本书调研团队利用寒暑假和节假日前往选择的南岭瑶族乡村旅游社区案例点，对当地社区居民和游客展开调查，先后对12个案例点的社区居民和游客发放问卷。为了确保问卷的有效性和真实性，问卷的发放地点在乡村旅游社区内进行，问卷当场发放并回收，如果居民对问卷有疑问，会当场解释清楚。其中，当地居民填写652份，游客填写544份，由于采取一对一的方式进行问卷调查，故回收率为100%；居民无效问卷为51份，游客无效问卷为36份，故居民问卷有效率为92.17%，游客问卷有效率为93.38%。

三、分析的方法

（一）对比分析法

对比分析法也称为比较法或者比较分析法，是通过实际数与基数的对比来提示实际数与基数之间的差异，借以了解经济活动的成绩和问题的一种分析方法。在科学探究活动中，常常用到对比分析法。本书将数据进行对比分析，从而挖掘有效信息，分析数据背后所代表的内在意义与潜在问题。

（二）综合评价法

综合评价法指的是运用多个指标对多个参评单位进行评价的方法。本书通过多元化评价对南岭瑶族乡村旅游社区的发展及方向进行一个综合的统计评价，从而来判断南岭瑶族乡村旅游社区的走向和目标，这对南岭瑶族乡村旅游社区发展都有很大好处。

（三）SPSS 统计分析法

本书采用 SPSS26.0 统计分析软件，并借助 Excel 分析软件，将原始数据进行描述统计分析和均值分析。具体用到的方法主要有：①描述统计，主要对居民和游客的社会特征作出准确的统计；②信度分析，采用克朗巴哈系数（Cronbach's α）来检验问卷测验结果的内部一致性和稳定性；③KMO 测度和巴特利特球形度检验，主要用来问卷中各因子的效度分析；④均值分析和交叉分析，对问卷各项指标的均值进行统计和交叉分析，以更好地找出其内在规律。

1. 信度分析

信度分析指的是可靠性分析，即使用同一种方式对同一对象进行反复测量时所得结果的一致性程度。信度指标大多以相关系数的方式表示。重测信度法、折半信度法、复本信度法以及 α 信度系数法是学界采用最多的四种。本书主要采取 α 信度系数法进行信度检测。α 信度系数法（Cronbach's α）是目前最常用的信度系数，其公式为：$\alpha = [k/(k-1)] \times [1 - (\sum Si^2)/ST^2]$。总量表的信度系数在 0.8 以上时表示该样本信度较高；信度系数在 0.7 ~ 0.8 时，表示该样本信度较一般；信度系数在 0.6～0.7 时，表示该样本勉强可以接受；当信度系数低于 0.6 时，则表示该样本信度过低，需重编问卷。

2. 效度分析

效度是指测量工具或手段能够准确测出所需测量的事物的程度，即所测量到的结果反映所想要考察内容的程度，测量结果与要考察的内容越吻合，则效度越高；反之则效度越低。效度分为三种类型：内容效度、准则效度和结构效度。当 KMO 检验值大于 0.7，且巴特利特检验系数显著水平小于 0.05 时，证明该样本非常适合因子分析。

3. 交叉分析

交叉分析法是在单一变量分析基础上，把两个或两个以上变量分析结果结合在一起，形成交叉、立体的分析。交叉分析可以由浅入深、由低级到高级，解决错综复杂的调查问题。由于交叉分析涉及多个变量，使分析精度更高，从而弥补了单一变量分析所形成的偏差。交叉分析利用了数据的交叉特性，使变量值成了不同变量的交叉结点，从而反映出变量与变量之间的关系。

当变量出现多元时，比如研究南岭瑶族乡村旅游社区发展一级指标与社区居民和游客的性别、年龄、收入、受教育程度之间的关系等问题时，通常要求将一个变量联系起来进行分析，在这些情况下，通常采用交叉分析（也称联列表分析）进行分析。此时开展交叉分析有以下效果：①交叉表分析和结果易于为非统计专业背景的人理解；②清晰的解释易于将研究结果与管理行动结合在一起；③一系列交叉分析比单个的多变量分析能提供更多解释复杂现象的信息；④交叉分析能够减轻离散多变量中单元过于分散的问题；⑤交叉分析易于进行，适用于不十分熟练的研究者。此时，作出的交叉分析是了解多个变量之间相互影响程度的重要指标。交叉分析的具体步骤如下：

第一步：利用 SPSS 分析功能下的比较均值、均值分别计算出各一级指标 A_a 所包含二级指标 A_{ab} 的均值，计算公式为：$\bar{X} = （x_1 +$

$x_2 + \cdots + x_n)/n = (\sum_{i=1}^{n} x_i)/n$，（n = 有效问卷数量），并以各二级指标 A_{ab} 为因变量，所选交叉变量为自变量。

第二步：计算各一级指标 A_a 的均值，即将一级指标 A_a 所包含的各二级指标 A_{ab} 汇总求和再求平均值，计算公式为：$\bar{X}_{A_a} = [\sum_{i=1}^{n} (x_1 + x_2 + \cdots + x_n)]/n$，（n = 一级指标 A_a 对应的二级指标 A_{ab} 的个数），均值分数在 7 以上时说明该指标的认可度较高；均值分数在 5~7 时，表示该指标认可度一般；均值分数在低于 5 时，则表示该指标认可度偏低，需重视该指标所暴露的问题。

第三步：以交叉变量为前提，计算各一级指标 A_a 的均值作为总平均值，计算公式为：$\bar{X}_{总} = [\sum_{i=1}^{6} (x_1 + x_2 + \cdots + x_6)]/6$，最后进行对应分析。

四、问卷的分析

（一）问卷样本基本情况

在被调查的居民中，男性的比例高于女性，达到了 58.6%，女性只有 41.4%；在受教育程度方面，初中及以下的居民数量最多，达到 345 人，占比 57.4%，其次是高中学历居民，有 136 人，占比 22.6%，还有 3 个研究生，可以看出南岭瑶族乡村旅游社区大部分居民受教育程度较低，但是对教育重视程度越来越高，高学历居民不断增加。职业以农民为主，达到了 293 人，占比 48.8%，其次是从事其他职业及学生，分别是 84 人和 82 人，占比分别为 14.0% 和 13.6%，这可能与调研时间正值为寒暑假、节假日有关，外出学习、工作的居民返乡休闲；在年龄结构方面，29~40 岁年龄的居民数量最多，达到 151 人，占比 25.1%，且分布相对平均，说明南岭瑶寨乡村旅游社区发展旅游后，年轻村民留在村庄的人数逐渐增多。关于居民税后月收入，占比较高的是 0~1 000

元的居民,达到 240 人,占比 39.9%,其中,居民收入集中在 5 000 元
以上的居民共有 59 人,共占比 9.9%,如表 4 - 1 所示。

表 4 - 1　　　　南岭瑶族乡村居民社会统计特征分析

属性	特征	频数 n = 601	百分比 (%)	属性	特征	频数 n = 601	百分比 (%)
性别	男	352	58.6	年龄	18 岁以下	63	10.2
	女	249	41.4		18 ~ 28 岁	118	19.6
受教育程度	初中及以下	345	57.4		29 ~ 40 岁	151	25.1
	高中	136	22.6		41 ~ 48 岁	115	19.1
	大专	60	10.0		49 ~ 55 岁	94	15.6
	大学	57	9.5		56 ~ 65 岁	39	6.5
	研究生以上	3	0.5		65 岁以上	22	3.7
居民的职业	政府公职人员	44	7.3	居民税后月收入	0 ~ 1 000 元	240	39.9
	企事业管理人员	23	3.8		1 001 ~ 2 000 元	110	18.3
	专业/文教技术人员	16	2.7		2 001 ~ 3 000 元	92	15.3
	服务销售商贸人员	19	3.2		3 001 ~ 5 000 元	100	16.6
	工人	28	4.7		5 001 ~ 8 000 元	32	5.3
	农民	293	48.8		8 001 ~ 10 000 元	7	1.2
	学生	82	13.6				
	离退休人员	12	2.0		10 001 元以上	20	3.4
	其他	84	14.0				

在被调查游客中,从表中可以看到女性游客多于男性游客,有 256
人,占比达到 50.4%,而男性有 252 人,占比 49.6%;游客中受教育
程度高中及以上学历的人数达到 400 人,占比 78.7%,大学有 142 人,
占比 28.0%,说明大多数游客学历层次还是比较高的;职业构成方面
中学生较多,有 117 人,占比 23.0%,以企事业管理人员和其他人员为
主,分别为 80 人和 79 人,占比分别为 15.7% 和 15.6%;年龄结构上

以 18~28 岁与 29~40 岁为主，从税后月收入数据资料来看，0~1 000 元的游客最多，有 139 人，占比 27.4%，其次是 3 001~5 000 元的游客，有 120 人，占比 23.6%，如表 4-2 所示。这与游客中学生占比为 23.0% 的比例相符合。

表 4-2 南岭瑶族乡村游客社会统计特征分析

属性	特征	频数 n=508	百分比（%）	属性	特征	频数 n=508	百分比（%）
性别	男	252	49.6	年龄	18 岁以下	70	13.8
	女	256	50.4		18~28 岁	147	28.9
受教育程度	初中及以下	108	21.3		29~40 岁	146	28.7
	高中	138	27.2		41~48 岁	93	18.3
	大专	98	19.3		49~55 岁	30	5.9
	大学	142	28.0		56~65 岁	14	2.8
	研究生以上	22	4.2		65 岁以上	8	1.6
居民的职业	政府公职人员	35	6.9	居民税后月收入	0~1 000 元	139	27.4
	企事业管理人员	80	15.7		1 001~2 000 元	36	7.1
	专业/文教技术人员	59	11.6		2 001~3 000 元	95	18.7
	服务销售商贸人员	48	9.4		3 001~5 000 元	120	23.6
	工人	28	5.5		5 001~8 000 元	60	11.8
	农民	53	10.4		8 001~10 000 元	20	3.9
	学生	117	23.0				
	离退休人员	9	1.8		10 001 元以上	38	7.5
	其他	79	15.6				

对于南岭瑶族乡村旅游社区发展满意度，从整体来看，居民满意度要高于游客满意度。如图 4-1 所示，居民对于社区发展满意度的打分占比中低分值较少，居民满意度中得分占比最高的是 8 分选项，占比 20.97%；居民评价中有 75.05% 是给予了 6 分及以上的高分值。居民满

意度较高。如图 4-2 所示，游客满意度中占比最高的是 7 分选项，占比 24.02%，居民评价中有 73.03% 给予了 6 分及以上的高分值。总体而言，居民对南岭乡村旅游社区发展的满意度高于游客对此的满意度。

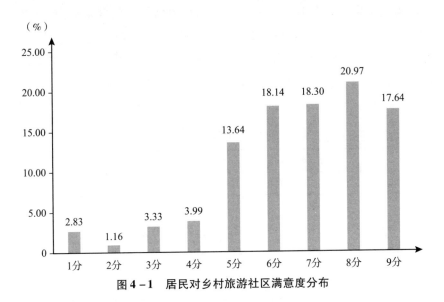

图 4-1　居民对乡村旅游社区满意度分布

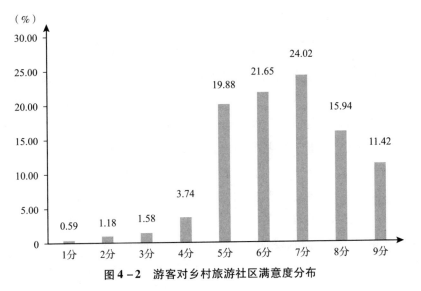

图 4-2　游客对乡村旅游社区满意度分布

（二）信度分析

本书利用 SPSS26.0 为分析工具对问卷原始数据进行了信度分析，最终得出结果。如表 4-3 所示，居民数据整体的 α 信度系数为 0.975，远大于 0.8，属于高信度；如表 4-4 所示，游客的 α 信度系数为 0.977，也属于高信度。这说明居民和游客的数据具有较高的可靠性，问卷具有使用价值。

表 4-3   居民可靠性统计量

Cronbach's α	项数
0.975	35

表 4-4   游客可靠性统计量

Cronbach's α	项数
0.977	35

（三）效度分析

首先，运用效度分析结果，可以观察数据的有效性和正确性，确定数据是否适合做因子分析，如表 4-5 所示，居民样本的 KMO 检验值为 0.979，大于临界标准 0.7，说明问卷中变量之间有较强的相关性，适合进行因子分析；其次，巴特利特球形检验近似卡方值等于 16 084.935，在自由度（df）为 595 的条件下显著性概率（Sig）为 0.000，小于 0.05，因而拒绝原假设，居民的样本数据适合进行因子分析；再次，如表 4-6 所示，游客样本的 KMO 检验值为 0.975，大于临界标准 0.7，说明问卷中变量之间有较强的相关性，适合进行因子分析；最后，巴特利特球形检验近似卡方值等于 15 396.636，在自由度（df）为 595 的条件下显著性概率（Sig）为 0.000，小于 0.05，因而拒绝原假设，游客的样本数据适合进行因子分析。

表 4 – 5 居民 KMO 和 Bartlett 的检验

Kaiser – Meyer – Olkin 测量取样适当性		0.979
Bartlett 的球形度检验	近似卡方	16 084.935
	df	595
	Sig.	0.000

表 4 – 6 游客 KMO 和 Bartlett 的检验

取样足够度的 Kaiser – Meyer – Olkin 度量		0.975
Bartlett 的球形度检验	近似卡方	15 396.636
	df	595
	Sig.	0.000

（四）均值分析

南岭瑶族乡村旅游社区的居民在当地旅游社区评价指标感知中认为社区生态环境是最重要的，该项目均值为 7.60 分，如表 4 – 7 所示。对于一个乡村旅游社区来说，乡村旅游已成为当地的重要产业收入，社区居民已经认识到社区的生态环境是乡村旅游发展的先决条件；一级指标重要度排序依次是社区治理 7.49 分、社区基础设施 7.47 分、社区民族文化保护传承 7.37 分、社区公共服务设施 7.16 分、社区经济发展 7.11 分；二级指标当中分值最高的分别是民风淳朴、与游客关系和谐 8.01 分，垃圾处理完善 7.99 分，民族特色建筑 7.65 分，村民法制意识增强、营造安全环境 7.65 分。这些都是社区居民对于当地社区建设与旅游发展最为认可的地方，也是当地做得最好的地方。二级指标当中得分最低的三项分别是职业技能培训机构 6.69 分，建设旅游发展公司 6.80 分，开展电商经济 6.86 分，这也与一级指标社区经济发展得分最低符合，可以看出居民迫切需要提升参与乡村旅游的能力。

表 4 - 7　　　　　　　　南岭瑶族乡村旅游社区居民的感知均值

一级指标及均值	二级指标	均值	一级指标及均值	二级指标	均值
社区基础设施 7.47	民族特色建筑	7.65	社区民族文化保护传承 7.37	保护物质文化	7.52
	指示牌	7.47		非物质文化的保护和传承	7.44
	基础设施	7.50		设立民族文化传播交流机构	7.01
	接待设施与服务	7.42		建设民族文化展演舞台	7.52
	交通便利	7.30	社区经济发展 7.11	农林牧特色产业经济	7.35
	公共停车场	7.47		有序的旅游经济活动	7.33
社区生态环境 7.60	特色自然与人文旅游资源	7.63		建设旅游发展公司	6.80
	人畜分离	7.36		旅游增加集体收入，为旅游发展提供经费	6.97
	垃圾处理完善	7.99		提供就业岗位	7.06
	生态环境容量大	7.37		村民支持、参与旅游开发	7.53
	培养村民良好卫生意识	7.64		村民旅游收入持续增长	7.00
社区公共服务设施 7.16	有游客服务中心	7.16		开展电商经济	6.86
	卫生服务机构完善	7.23	社区治理 7.49	村委会工作公平、村民支持村委会	7.22
	社区互助维护机构	7.10		增强村民民族认同感	7.44
	信息网络、生产技术、营销活动	6.92		族老等乡村精英在旅游开发与社区建设中发挥重要作用	7.12
	职业技能培训机构	6.69		村民法制意识增强、营造安全环境	7.65
	公厕卫生良好	7.57		民风淳朴、与游客关系和谐	8.01
	休闲体育设施完善	7.46			

　　游客对于南岭瑶族乡村旅游社区评价的均值普遍比社区居民的评价

得分要低。游客认为最重要的依次是社区生态环境 7.19 分，社区治理 7.19 分，社区基础设施 7.18 分、社区经济发展 7.09 分、民族文化保护传承 7.05 分，社会公共服务设施 6.75 分，见表 4 - 8。社区生态环境和社区治理环境是游客选择旅游目的地最为重视的地方。二级指标当中分值最高的分别是特色自然与人文旅游资源 7.48 分、民族特色建筑 7.47 分，民风淳朴、与游客关系和谐 7.46 分。二级指标当中得分最低的三项分别是职业技能培训机构 6.49 分，社区互助维护机构 6.59 分，信息网络、生产技术、营销活动 6.71 分，三个指标均属于社区公共服务设施，说明游客认为当地旅游服务接待的评价不高，对于当地社区居民服务质量的提升、营销宣传、社区服务机构等方面需多多关注，应大力提升社区公共服务质量水平，提升游客对乡村旅游社区的认知与评价。

（五）交叉分析

1. 性别对南岭瑶族乡村旅游社区发展影响感知对比研究

在社区居民性别对南岭瑶族乡村旅游社区发展影响方面，男性居民对南岭瑶族乡村旅游社区发展影响评价的总体均值高于女性居民，男性居民评价的均值排名从高到低分别为社区生态环境 > 社区基础设施 > 社区治理 > 民族文化保护与传承 > 社区公共服务设施 > 社区经济发展；女性居民在所有一级指标认知中均值排名从高到低分别为社区生态环境 > 社区治理 > 社区基础设施 > 民族文化保护与传承 > 社区公共服务设施 > 社区经济发展，具体分值见表 4 - 9。男性和女性居民都认可社区生态环境的重要性，但是在性别差异中，女性居民在社区基础设施和社区治理的评价中，更加关注社区治理与社区安全；男性居民更加关注南岭瑶族乡村旅游社区整体的发展，心中对于南岭瑶族乡村旅游社区发展乡村旅游所凭借的基础条件认识更加明确，只有生态环境好，旅游接待设施齐全，旅游发展才有希望，同时，他们也知道社区经济欠发达是制约南岭瑶族乡村旅游社区发展的短板。

表 4 - 8　　　　　　南岭瑶族乡村旅游社区游客的感知均值

一级指标及均值	二级指标	均值	一级指标及均值	二级指标	均值
社区基础设施 7.18	民族特色建筑	7.47	社区民族文化保护传承 7.05	保护物质文化	7.43
	指示牌	7.31		非物质文化的保护和传承	7.12
	基础设施	7.14		设立民族文化传播交流机构	6.81
	接待设施与服务	7.11		建设民族文化展演舞台	6.85
	交通便利	6.82	社区经济发展 7.09	农林牧特色产业经济	7.17
	公共停车场	7.20		有序的旅游经济活动	7.15
社区生态环境 7.19	特色自然与人文旅游资源	7.48		建设旅游发展公司	6.69
	人畜分离	6.99		旅游增加集体收入，为旅游发展提供经费	7.15
	垃圾处理完善	7.30		提供就业岗位	7.15
	生态环境容量大	6.99		村民支持、参与旅游开发	7.31
	培养村民良好卫生意识	7.18		村民旅游收入持续增长	7.16
社区公共服务设施 6.75	有游客服务中心	6.81		开展电商经济	6.96
	卫生服务机构完善	6.92	社区治理 7.19	村委会工作公平、村民支持村委会	7.08
	社区互助维护机构	6.59		增强村民民族认同感	7.22
	信息网络、生产技术、营销活动	6.71		族老等乡村精英在旅游开发与社区建设中发挥重要作用	7.00
	职业技能培训机构	6.49		村民法制意识增强、营造安全环境	7.17
	公厕卫生良好	6.81		民风淳朴、与游客关系和谐	7.46
	休闲体育设施完善	6.91			

表 4-9 南岭瑶族乡村旅游社区居民性别对比研究

一级指标 性别	社区基础 设施	社区生态 环境	社区公共 服务设施	民族文化 保护与传承	社区经济 发展	社区 治理	总平 均值
男	7.59	7.63	7.23	7.47	7.17	7.57	7.44
女	7.29	7.55	7.07	7.24	7.03	7.37	7.26

在游客性别对南岭瑶族乡村旅游社区发展影响方面，男性游客对南岭瑶族乡村旅游社区发展影响评价的总体均值与女性游客基本持平，总体评价意见相似。男性游客评价的均值排名从高到低分别为社区治理＞社区生态环境＞社区基础设施＞社区经济发展＞民族文化保护与传承＞社区公共服务设施；女性游客在所有一级指标认知中均值排名从高到低分别为社区生态环境＞社区基础设施＞社区治理＞社区经济发展＞民族文化保护与传承＞社区公共服务设施，具体分值见表4-10。总体而言男性游客最关注社区治理，女性游客最关注生态环境，男性和女性游客都对当地社区公共服务设施评价最低。

表 4-10 南岭瑶族乡村旅游社区游客性别对比研究

一级指标 性别	社区基础 设施	社区生态 环境	社区公共 服务设施	民族文化 保护与传承	社区经济 发展	社区 治理	总平 均值
男	7.16	7.18	6.74	7.03	7.08	7.26	7.08
女	7.19	7.20	6.75	7.07	7.10	7.12	7.07

2. 职业对南岭瑶族乡村旅游社区发展影响感知对比研究

在社区居民职业对南岭瑶族乡村旅游社区发展影响方面，政府公职人员对南岭瑶族乡村旅游社区发展影响评价的总体均值最高，农民评价总体均值最低。不同职业的社区居民，因工作环境、经历不同，对不同指标评价不一，诸如政府公职人员、企事业管理人员、专业/文教技术人员评价最高的是社区基础设施，服务销售商贸人员、农民、其他职业的社区居民评价最高的是社区生态环境；学生对社区公共服务设施评价最高；工人、离退休人员对社区治理评价得分最高；而不同职业的社区居民均对南岭瑶族乡村旅游社区经济发展评价得分最低的是社区经济发展，见表4－11。

表4－11　　南岭瑶族乡村旅游社区居民职业认知对比研究

一级指标\职业	社区基础设施	社区生态环境	社区公共服务设施	民族文化保护与传承	社区经济发展	社区治理	总平均值
政府公职人员	8.27	8.03	7.74	8.13	7.67	8.01	7.98
企事业管理人员	8.12	7.92	7.52	8.04	6.67	7.95	7.70
专业/文教技术人员	8.11	8.00	7.35	7.64	6.58	7.68	7.56
服务销售商贸人员	7.85	8.31	7.49	7.90	6.61	8.06	7.70
工人	7.91	7.82	6.87	7.89	6.57	7.94	7.50
农民	7.22	7.44	7.34	7.02	5.94	7.24	7.03
学生	7.38	7.67	7.80	7.53	6.27	7.57	7.37
离退休人员	7.61	7.58	7.24	7.90	6.41	7.93	7.45
其他	7.45	7.60	7.16	7.47	6.27	7.51	7.24

在游客居民职业对南岭瑶族乡村旅游社区发展影响方面，工人对南岭瑶族乡村旅游社区发展影响评价的总体均值最高，农民评价总体均值最低。无论是社区居民还是游客，其职业组成中的农民对于南岭瑶族乡村旅游社区发展评分最低，在实地访谈中得知，农民对于乡村旅游社区发展抱有非常大的期望，认为当地社区发展空间广泛，目前做得都不够好，评价得分不高。不同职业的游客对不同指标评价不一，诸如政府公职人员认为社区生态环境最重要；企事业管理人员、工人及其他人员认为社区治理最重要；专业/文教技术人员评价最高的是社区公共服务设

施；服务销售商贸人员、农民、学生评价最高的是社区基础设施。而不同职业的游客对南岭瑶族乡村旅游社区发展中不同指标的认同不同，企事业管理人员、服务销售商贸人员、工人、学生、其他职业的大部分的游客，在社区公共服务设施评价中给予的分值最低；政府公职人员，专业/文教技术人员、农民则对民族文化保护与传承的评价最低；离退休人员则对社区经济发展评价均值得分最低，见表4－12。

表4－12　　　南岭瑶族乡村旅游社区游客职业认知对比研究

一级指标 职业	社区基础设施	社区生态环境	社区公共服务设施	民族文化保护与传承	社区经济发展	社区治理	总平均值
政府公职人员	7.39	7.45	7.10	6.91	7.37	7.13	7.24
企事业管理人员	7.34	7.35	6.89	7.20	7.27	7.39	7.24
专业/文教技术人员	7.21	7.37	7.54	6.96	7.00	7.12	7.20
服务销售商贸人员	7.05	6.98	6.46	6.83	6.75	6.91	6.83
工人	7.82	7.97	7.72	8.01	7.90	8.10	7.92
农民	6.86	6.72	6.50	6.44	6.64	6.75	6.65
学生	6.93	6.91	6.50	6.92	6.91	6.89	6.84
离退休人员	6.96	7.20	6.67	7.42	6.64	6.78	6.95
其他	7.36	7.35	7.03	7.40	7.41	7.51	7.34

3. 年龄对南岭瑶族乡村旅游社区发展影响感知对比研究

不同年龄结构的社区居民和游客对南岭瑶族乡村旅游社区发展影响不一。年龄大的社区居民对南岭瑶族乡村旅游社区发展的评价较高，29～40岁的居民对南岭瑶族乡村旅游社区经济发展的评价最低。18岁以下的社区居民给予社区治理的评分最高，其他年龄阶段的社区居民给予社区生态环境的评价得分最高。社区居民中49～55岁、65岁以上社区居民对社区公共服务设施评价最低,其余年龄段的社区居民对社区经济发展评价最低,见表4-13。

表4-13　　　南岭瑶族乡村旅游社区居民年龄对比研究

一级指标 年龄	社区基础设施	社区生态环境	社区公共服务设施	民族文化保护与传承	社区经济发展	社区治理	总平均值
18岁以下	7.33	7.52	7.31	7.53	7.29	7.54	7.42
18~28岁	7.43	7.47	7.14	7.44	6.99	7.38	7.31
29~40岁	7.25	7.46	7.01	7.29	6.95	7.38	7.22
41~48岁	7.67	7.75	7.25	7.30	7.21	7.48	7.44
49~55岁	7.48	7.66	7.12	7.30	7.18	7.65	7.40
56~65岁	7.63	7.71	7.26	7.31	7.11	7.53	7.43
65岁以上	8.13	8.15	7.44	7.82	7.56	7.95	7.84

不同年龄段的游客对南岭瑶族乡村旅游社区发展影响因素评价也不一致(见表4-14)。55~65岁的游客对南岭瑶族乡村旅游社区评价总平均值最高,65岁以上的总平均值最低。不同年龄段游客给予各一级指标评价各不相同,56~65岁的游客对民族文化保护与传承给予了最高分,65岁以上的游客对社区经济发展给予了最低分。

表4-14　　　南岭瑶族乡村旅游社区游客年龄对比研究

一级指标 年龄	社区基础设施	社区生态环境	社区公共服务设施	民族文化保护与传承	社区经济发展	社区治理	总平均值
18岁以下	7.02	7.08	6.82	7.045	7.08	7.18	7.00
18~28岁	6.91	6.88	6.51	6.86	6.89	6.88	6.82
29~40岁	7.38	7.40	6.90	7.28	7.30	7.39	7.28

一级指标 年龄	社区基础 设施	社区生态 环境	社区公共 服务设施	民族文化 保护与传承	社区经济 发展	社区 治理	总平 均值
41~48 岁	7.47	7.39	6.87	7.03	7.18	7.33	7.21
49~55 岁	6.95	7.19	6.58	6.81	7.01	7.27	6.97
56~65 岁	7.36	7.60	7.22	7.73	7.34	7.56	7.47
65 岁以上	6.86	6.90	6.20	6.66	6.07	6.58	6.54

4. 学历对南岭瑶族乡村旅游社区发展影响感知对比研究

不同学历的社区居民评价结果不同。在整体评价方面，初中及以下的社区居民的总平均值最低，大专学历的社区居民的总平均值最高。大专学历的社区居民最为看重的分别是南岭乡村旅游社区发展中社区生态环境；初中及以下、大专、大学学历的游客对社区经济发展评分最低，高中学历的社区居民对社区公共服务设施评分最低，研究生及以上学历的社区居民对社区生态环境、社区治理的评分最低，见表 4 – 15。

表 4 – 15　　　南岭瑶族乡村旅游社区居民学历对比研究

一级指标 学历	社区基础 设施	社区生态 环境	社区公共 服务设施	民族文化 保护与传承	社区经济 发展	社区 治理	总平 均值
初中及以下	7.23	7.41	6.92	7.08	6.88	7.35	7.15
高中	7.61	7.78	7.27	7.54	7.31	7.78	7.55
大专	7.95	8.03	7.83	8.02	7.74	7.96	7.92
大学	8.05	7.91	7.63	8.00	7.48	7.85	7.82
研究生及以上	8.00	7.50	8.00	7.75	7.94	7.50	7.78

对于不同学历的游客来说，研究生及以上学历层次的游客给予的整

体评价均值得分最低。但是不同学历层次的游客对南岭瑶族乡村旅游社区公共服务设施的评价均值得分最低，见表4-16。

表4-16　　　　南岭瑶族乡村旅游社区游客学历对比研究

一级指标 学历	社区基础设施	社区生态环境	社区公共服务设施	民族文化保护与传承	社区经济发展	社区治理	总平均值
初中及以下	7.20	7.17	6.94	7.08	6.99	7.22	7.10
高中	7.14	7.14	6.77	7.16	7.18	7.22	7.10
大专	7.14	7.22	6.71	6.96	7.09	7.09	7.04
大学	7.32	7.28	6.71	7.12	7.15	7.28	7.14
研究生及以上	6.66	6.98	6.22	6.30	6.75	6.66	6.60

5. 税后月收入对南岭瑶族乡村旅游社区发展影响感知对比研究

南岭瑶族乡村旅游收入在1 000元以下的社区居民总体评价得分最低，收入在3 001~5 000元的社区居民整体评价得分最高。其中，3 001~5 000元收入的社区居民中对社区生态环境评价均值得分最高，5 001~8 000元收入的社区居民对社区治理的评价均值得分最高；8 001元以上收入的社区居民最为关注的是社区基础设施。不同收入的社区居民对南岭瑶族乡村旅游发展影响因素中社区公共服务设施、社区经济发展、社区治理评价均值较低，见表4-17。

表4-17　　　　南岭瑶族乡村旅游社区居民收入对比研究

一级指标 税后月收入	社区基础设施	社区生态环境	社区公共服务设施	民族文化保护与传承	社区经济发展	社区治理	总平均值
0~1 000元	7.21	7.39	6.94	7.02	6.83	7.17	7.09
1 001~2 000元	7.32	7.40	6.95	7.32	6.98	7.42	7.23

续表

一级指标\税后月收入	社区基础设施	社区生态环境	社区公共服务设施	民族文化保护与传承	社区经济发展	社区治理	总平均值
2 001~3 000 元	7.75	7.83	7.41	7.62	7.44	7.84	7.65
3 001~5 000 元	7.98	8.15	7.67	8.07	7.67	8.03	7.93
5 001~8 000 元	7.18	7.38	7.04	7.18	7.00	7.41	7.20
8 001~10 000 元	7.67	7.29	7.12	7.11	7.14	6.77	7.18
10 001 元上	7.86	7.80	7.46	7.62	6.95	7.77	7.58

不同收入的游客对南岭瑶族乡村旅游社区评价不一。收入在 1 000 元以下的游客总体评价得分最低，收入在 8 001~10 000 元的游客总体评价得分最高。不同收入层次的游客分别对社区基础设施、社区生态环境、社区经济发展、社区治理等四个指标评价得分相对较高，不同收入层次的游客对对南岭瑶族乡村旅游社区公共服务设施评价得分相对较低，见表 4-18。

表 4-18　　南岭瑶族乡村旅游社区游客收入对比研究

一级指标\税后月收入	社区基础设施	社区生态环境	社区公共服务设施	民族文化保护与传承	社区经济发展	社区治理	总平均值
0~1 000 元	7.06	6.96	6.64	6.96	6.98	6.99	6.93
1 001~2 000 元	7.17	7.22	6.71	6.78	6.84	6.95	6.94
2 001~3 000 元	7.01	7.08	6.63	6.90	7.06	7.02	6.95
3 001~5 000 元	7.38	7.40	7.02	7.33	7.36	7.54	7.34
5 001~8 000 元	7.22	7.41	6.65	7.06	7.09	7.27	7.12
8 001~10 000 元	7.56	7.65	7.44	7.60	7.35	7.76	7.56
10 000 元以上	7.12	7.05	6.43	6.84	6.85	7.02	6.89

第三节 南岭瑶族乡村旅游社区发展中存在的问题

一、社区基础设施有待提高

南岭瑶族乡村旅游社区地处南岭大山中，地理位置相对偏僻，交通便利度不高。从表4-7和表4-8可知，在居民和游客的感知中社区基础设施的均值分别为7.47分和7.18分，整体上均处于中等水平，都位列第三名，且游客评分比社区居民要低。其中，"交通便利""接待的设施与服务""公共停车场"排位靠后。

（一）地理位置致使交通网络不完善

在各二级指标中，居民和游客对南岭瑶族乡村旅游的民族特色建筑、指示牌、基础设施、接待设施与服务、公共停车场的认可度还是比较高的，均高于7分，说明社区居民和游客对于南岭瑶族乡村旅游社区基础发展情况还算满意，但是社区居民和游客均认为社区基础设施建设中交通不够便利，该选项得分均为最低分，分别是7.30分和6.82分，其影响了南岭瑶族乡村旅游社区基础设施的发展。目前来说，南岭瑶族乡村旅游社区直达的公共交通较少，尽管道路修建比较通畅，交通网络比较完善，但很多南岭瑶族乡村旅游社区毕竟依山傍坡，山路的弯曲，无论是对居民还是对游客来说，交通便利性是有影响的。受制于地理位置与交通网络，南岭瑶族乡村旅游社区的客源主要是自驾游、团队游、周边游、省内游，客源范围有限。

（二）旅游发展模式提出旅游接待设施与服务需增强

南岭瑶族乡村旅游社区发展评价指标体系中接待设施与服务得分较低，分别是7.42分和7.11分，位列倒数第二，值得社区居民和游客关注。南岭瑶族乡村旅游社区的发展大部分经历过自发式发展、粗放式发展，略有成绩后，引起政府部门和部委的重视，然后逐渐走向规范化、精细化管理。在南岭瑶族乡村旅游社区发展的过程中，旅游服务相关的硬件服务，诸如旅游接待设施均能通过加大旅游投资等方式解决建设问题，但是与旅游服务相关的软件服务，诸如与服务质量相关的各方面服务则处于短板的地位，仍需继续提升。

（三）乡村旅游特点决定公共停车场待扩建

在南岭瑶族乡村旅游社区发展过程中，公共停车场也成为引起社区和游客不满意的地方，无论是社区居民的评价还是游客的评价，得分均在倒数第三名，分别为 7.47 分和 7.20 分。究其原因，还是与乡村旅游发展要素密切联系。乡村旅游的客源市场以周边游为主，汽车是主要的交通工具，随着南岭瑶族乡村旅游社区的发展、壮大，游客蜂拥而至，搭载游客的私家车、旅行车越来越多，所需停车位也逐渐增多。同时，乡村旅游的发展对当地农民增收作用明显，社区居民收入增加，生活质量提高，纷纷购买小汽车作为出行工具，停车位的需求也日益增多，故两者停车需求相叠加，就出现了公共停车场不够用的现象了。

二、社区生态环境需重视

从社区居民和游客的调查结果来看，两者对于社区生态环境的重视度较高，均值得分均为一级指标的第一名，分别为 7.60 分和 7.19 分，见表 4－7 和表 4－8。社区生态环境的受重视程度反映了在当下南岭瑶族乡村旅游社区的居民和游客对社区生态环境的重视。分值整体来看，依然是游客评分比社区居民要低。其中，"人畜分离"和"生态环境容量大"两个二级指标的均值得分为该社区生态环境指标下的最低分。

（一）传统生计方式影响生态环境

瑶民生活在南岭山脉中，传统的生计方式以农业种植为主，靠山吃山，还辅以养殖鸡、鸭、猪、狗、牛等牲畜作为肉类食源。瑶族人民在适应山区生存条件的同时，建造的房屋以干栏式造型为主。如今，这种干栏式房屋也成了南岭瑶族特色的建筑形式，备受游客的关注。传统的干栏式房屋是竹木结构的二层楼房，下层饲养鸡、鸭、猪、狗、牛等家畜，上层住人，这样既可以避免南方气候的潮湿，也可以避开山区里各种凶恶的野兽虫蛇。伴随着美丽乡村、清洁乡村活动的开展，南岭瑶族乡村社区里的干栏式房屋下层已经不再饲养猪、牛、羊等家畜，但是仍然在房子下层饲养鸡、鸭、狗等家禽，致使南岭瑶族乡村旅游社区内仍到处可见家禽的排泄物，这污染了环境，影响了社区环境的美观。这也致使社区居民和游客对"人畜分离"的评价得分均为社区生态环境指标下的最低分，分别为 7.36 分和 6.99 分。

（二）村寨分布规律致使生态环境容量小

"南岭无山不有瑶"，在这句俗语中我们可以得知在南岭山脉中分布着诸多瑶族，他们的分布规律呈现"大分散，小聚居"的格局。当瑶族安定下来后，他们会根据山岭地势特点，依山而建适合他们生产生活特点的干栏式建筑，房子建好后就形成了瑶族聚居的村寨。瑶族村寨往往规模不大，里面的瑶民之间都是同宗同族，彼此沾亲带故，"熟人社会"特征明显。这样的村寨不算大，里面的居民不算多，保存完好，具有开发乡村旅游的价值与潜力。但是，一旦他们成了瑶族乡村旅游社区，也会因村寨规模小，影响瑶族村寨载客容量大小，成为发展乡村旅游的短板。因此，"生态环境容量"评分上社区居民和游客得分较低，分别为 7.37 分和 6.99 分。例如，瑶族村寨主街道较为狭窄，且地面多为青石板路，这既是当地社区居民生活的步道，也是当地瑶族乡村旅游社区的特色景观，但在旅游旺季时却会因道路狭窄，出现拥挤堵塞现象，造成当地社区居民和游客的不便。

三、社区公共服务设施待完善

社区公共服务设施发展的好与坏也影响了南岭瑶族乡村旅游社区的发展。在有关社区公共服务供给评价中，南岭瑶族乡村旅游社区的居民和游客对此评分别是 7.16 分和 6.75 分，分别位于第五位和第六位。社区居民和游客两者的需求不同，评价视角不同，得出的结果不一样。但是社区居民和游客的二级指标评分中一致反映出对"职业技能培训机构"选项的不满意，是其中的最低分，分别是 6.69 分和 6.49 分，社区居民和游客选项中得分位列其后的分别是"信息网络、生产技术、营销活动"与"社区互助维护机构"。

（一）社区居民旅游服务综合技能要求较高

从目前关于社区公共服务设施的认可度来看，居民和游客对农民职业技能培训机构的认可度较低。与乡村旅游资源息息相关的是农业景观的展示、社区新貌的展现、瑶族民风民俗的体验、特色农副产品的销售、旅游节庆的推广，它们与乡村旅游接待对应的则是吃、住、行、游、购、娱等旅游活动。它们的完美设计与体验既离不开南岭瑶族乡村旅游社区居民农业生产技术、旅游服务技术、营销技术的提高，也离不开社区居民职业技能的综合素质的体现。面对旺盛的乡村旅游需求，南岭瑶族乡村旅游社区的社区居民参与乡村旅游的热情高涨。但是社区居民因缺乏旅游市场意识、现代旅游经营理念、专业旅游人才，致使旅游产业发展中出现整体经营水平偏低、营销能力较弱、服务人员素质偏低、培训工作不到位等问题，致使现有乡村旅游资源没有实现最优配置。南岭瑶族乡村旅游社区整体发展中也存在旅游同质化、服务初级化、竞争无序化、品牌分散化以及可持续发展能力弱化的"四化一弱"的问题。

（二）社区维护与支持力度不足

南岭瑶族乡村旅游社区的公共服务设施的提供依托乡村社区的发展，目前大部分乡村社区已建有游客服务中心、休闲运动设施等公共服务设施。在南岭乡村旅游社区中作为强旅游吸引力的旅游资源是良好的生态环境、特色瑶族文化资源、传统民风民俗等，但是因社区投入的时间、精力不足，关注度不够，致使南岭瑶族乡村旅游社区的古建筑、传统习俗、民族文化资源、公共服务设施等保护力度不够，在乡村社区中出现损坏、破败等痕迹，难以形成有效的旅游吸引力。总体来说，南岭瑶族乡村旅游社区缺乏有效的手段和方式开展保护工作，应当积极发挥当地社区互助机构的作用和力量，诸如成立旅游公司、老人协会、旅游合作社等民间协会组织，争取多方社区维护和发展力量。

四、民族文化保护与传承要重视

只有民族的才是世界的。南岭瑶族乡村旅游社区里社区居民和游客对于民族文化的重视度越来越高。在民族文化保护传承中，社区居民和游客评价得分分别为 7.37 分和 7.05 分，分别位列一级指标排名的第四位和第五位，见表 4-7 和表 4-8。其中，他们均认为"设立民族文化传播机构"工作做得不好，得分最低，其次分别为"非物质文化的保护和传承"与"建设民族文化展演舞台"。整体来看，社区居民和游客认为对于民族文化的保护与传承工作做得不到位的地方有以下两方面。

（一）民族文化传播与展演舞台建设力度不大

关于民族文化保护与传承选项，社区居民和游客对南岭瑶族乡村旅游社区建立民族文化传播交流机构的认可度较低，分别是 7.01 分和 6.81 分，其次是设立民族文化展演舞台。从这两个指标可以看出南岭瑶族乡村旅游社区中瑶族文化作为当地民族文化的代表，目前却无有形的载体将无形的民族文化展现在世人面前。在实地调查中，个别南岭瑶族乡村旅游社区有一些民族文化交流机构、展演的场地，诸如广西壮族自治区富川瑶族自治县福溪村的业余剧团、广东连南瑶族自治县千年瑶寨的民俗歌舞表演堂等，并且能够形成常态化的表演、展示时间，对民族文化的传播贡献颇大。但是这样的机构和展演舞台较少，致使南岭瑶族乡村旅游社区居民对民族文化的重视程度不够，对民族文化展现方式不灵活，这也直接影响了社区居民与游客对南岭瑶族文化的认知、体验与保护。

（二）民族文化传承出现断层

随着南岭瑶族乡村旅游社区发展，虽然一部分南岭瑶族乡村旅游社区吸引了越来越多的外出打工的中青年农民返乡创业，但是大部分南岭瑶族乡村旅游社区依然与中国其他传统农村社区一样，"留守老人"较多，村里人口增长较为缓慢，村中大多数青壮年选择了去外地谋生，导致村中留守的除了老人就是儿童。在电视、互联网的影响下，年轻人大多对民族文化不感兴趣，作为民族文化的传承者的老年人，在民族文化传承过程中出现无人可教的现象。如此反复，极易出现民族文化传承的断层现象。

五、社区经济发展需加强

在南岭瑶族乡村旅游社区经济发展过程，社区居民对社区经济发展重视度相对不高，均值得分在所有评价指标中位列第六，为7.11分；游客比较关注乡村旅游社区经济的发展，均值得分在所有指标中位列第四，为7.09分。其中，得分最低的二级指标均为"建设旅游发展公司""开展电商经济""旅游增加集体收入，为旅游发展提供经费"等，反映出来的问题较多。

（一）乡村旅游发展公司未充分发挥带动作用

南岭瑶族乡村旅游社区发展与当地旅游开发的利益相关者密切相

关。在南岭瑶族乡村旅游社区发展场域中，政府、社区居民、社区组织、旅游开发公司和游客是其最重要的利益相关者。在各个开发模式中，产生了"政府与村民""公司与政府""居民与游客""政府与游客"和"村民与村民"等多对利益相关者关系。旅游发展公司所拥有的资本、利益诉求和话语权的不同，导致了各旅游开发公司在乡村旅游社区发展中的作用不一。社区居民既寄希望于公司，又不相信公司，公司也难于开展工作，致使在市场经济发展背景下，旅游开发公司的作用发挥不突出，乡村旅游社区受益有限，满意度不高。

（二）乡村旅游社区电商经济待发展

农村电商作为实现乡村振兴的重要抓手，在推动乡村特色产业发展、激活乡村经济、实现农村经济模式转变等方面提供了新的动能，是互联网赋能乡村振兴的重要抓手。尽管游客在南岭瑶族旅游社区旅游过程中，通过传统的"眼看""手摸""耳听""口尝"后，购买了当地具有乡土气息的农特产品，但当游客需要回购时，却因当地电商经济不发达，村中缺少便捷的快递服务，外加大部分社区居民对电商网络营销知识的缺乏，难以做好电商服务，难以推广当地特色旅游产品，致使回购愿望难以实现。

六、社区治理需创新

南岭瑶族乡村旅游社区居民与游客对于"社区治理"一级指标的评价都比较高，在社区居民的调查中均值得分位列第二，为 7.49 分；在游客的调查中均值得分与"社区生态环境"得分一样，并列第一，为 7.19 分。其中，"民风淳朴、游客关系和谐"选项得分最高，分别是 8.01 分和 7.46 分，说明游客对南岭瑶族乡村旅游社区居民整体印象不错。但是社区居民和游客在对二级指标的评价中，对"族老等乡村精英在旅游开发与社区建设中发挥重要作用"均值得分分别为 7.12 分和 7.00 分，这是社区居民和游客总体评价得分最低的地方。

（一）乡村精英作用不明显

瑶族人民热情好客，进入南岭瑶寨瑶家的客人，都会受到尊重和热情款待，这备受游客好评，瑶族乡村旅游社区居民与游客关系良好。乡村精英一般是指乡村中的政治精英、经济精英和社会精英。当乡村精英难以在农村实现其劳动价值和政治抱负时，外加城乡公共服务差距，导致乡村精英从农村往城镇转移。而瑶族地区的"寨老"等社会精英也随着年岁增加，较少能在旅游发展中起到引领作用。在多个南岭瑶族乡村旅游社区发展中，以村支书、村主任为代表的政治精英与收入较好的经济精英，他们大多扮演着实验者及领头羊的角色，在当地旅游发展中一马当先，成为当地较早从事旅游接待的人群，也成为从旅游发展中获益较大的旅游受益者。但是因受其学历、知识、才智的限制，他们在带领整个乡村旅游社区居民从事旅游行业，带领社区居民发家致富上面还有所欠缺。

（二）村委会工作有待加强

在我国传统农业社会的乡村治理的过程中，国家出于节约行政成本的考虑，需利用传统儒家文化的规范和乡村精英协调对农村社会实现自我管理，充分发挥基层社会的自治作用。在南岭瑶族乡村旅游社区发展中，乡村旅游社区管理职责由村委会承担，村支部同样负责宣传党的政策、帮助党的路线方针政策在基层的落实、带领广大基层人民在党的领导下发家致富奔小康。南岭瑶族乡村旅游社区中的村两委在乡村治理中也发挥着重要作用。但是因村委身份的多重性，村支书和村主任既忙着外出学习、自家农活，也忙着相关的旅游接待，以致其为村民及乡村服务的时间有限，致使众多南岭瑶族乡村旅游社区村"两委"的办公室基本处于关闭状态，路过的游客和来办事的村民较少能找到工作人员，乡村社区服务的效率受到影响。

第五章

南岭瑶族乡村旅游社区发展影响模型构建

第一节　探索性因子分析

一、因子分析

因子分析是通过对变量（或样品）的协方差矩阵（或相关系数矩阵）内部结构的研究，找出能控制所有变量（或样品）的少数几个随机变量去描述多个变量（或样品）之间的相关（相似）关系。通过对这些因子的研究，既无损于原来多个变量的信息，又便于对它们进行分类和解释。因此，因子分析也是用于降维的一种统计分析方法。为进一步明确调查问卷设计的科学性，检验测度题项的合理性，本书在对变量关系进行假设之前，首先对变量数据进行可靠性检验，在前面收集的多个案例地常规性数据分析的基础上，借鉴前人的研究方法，开展探索性因子分析、验证性因子分析，以此探析南岭瑶族乡村旅游社区发展中影响因子间的综合性关系，搭建南岭瑶族乡村旅游社区发展影响因子框架。

二、探索性因子分析

因南岭瑶族乡村旅游社区发展影响指标体系中包含的变量较多，内在结构相对复杂，彼时是假定每个指示变量都与研究因子相匹配，因为没有前人完整的先验理论形式和先验理论做指导，故选用因子载荷凭知觉数据推断数据的因子结构。在因子分析中，假定有 n 个样本，每个样本共有 p 个变量，构成一个 n×p 阶的数据矩阵。当 p 较大时，在 p 维空间中考察问题比较麻烦。这就需要进行降维处理，即用较少几个综合指标代替原来指标，而且使这些综合指标既能尽量多地反映原来指标所反映的信息，同时它们之间又是彼此独立的。在因子分析过程中，遵循以下步骤：（1）确定待分析的原有若干变量是否适合进行因子分析；（2）构造因子变量；（3）因子变量的命名解释；（4）计算因子变量得分；（5）结果的分析解释。

本书运用 SPSS26.0 软件开展探索性因子分析，采用主成分分析的因子提取方法和最大方差的旋转方法，按照参数临界标准，对特征根大于 1 的提取因子，题项因子载荷的最低可接受值为 0.5。

此外，为了验证样本数据各题项之间的内部一致性，计算每个变量的题项与总体的相关系数以及 Cronbach's α 系数，以此评价变量度量的信度。样本数据的信度通过检验的显著度为题项与总体（itemto total）的相关系数（CITC）大于 0.5，标准化后的 Cronbach's α 系数大于 0.60。本书通过计算前文构建的南岭瑶族乡村旅游社区发展的 35 个变量，每个变量项与总体的相关系数变量于总体的相关系数（CITC）最小的都为 0.615，均大于 0.5，标准化后的 Cronbach's α 系数为 0.976，均达到了临界要求，故 6 个因子包含的变量具有较高的内部一致性。

学术界普遍接受在做探索性因子分析时所需要的样本容量是变量数的 5～10 倍。本研究的初始量表包含有 35 个测项，我们收集的探索性有效调查问卷 1 109 份，为所测题项的 30 倍，达到了进行探索性因子分析样本所需数量要求，便于开展探索性因子分析工作，因此运用

SPSS26.0 软件对 1 109 个样本进行探索性分析。

本书在探索性因子分析中，主要采用主成分分析法进行因素抽取，选择正交转轴法中最大变异旋转法进行抽取。"探索"一词的意义就是不断尝试，直到构建一个较为合理可接受的因素效度。故首先选择"分量表/分层面"来进行因素分析，也就是以分量表或层面的个别题项进行因素分析，每个层面也可以再筛出一个子层面。但是受到答题者填写、量表编制过程的严谨性等因素影响，在探索性因子分析的抽取环节，不断地将分量表进行来两两组合，并通过固定因子数，在删除题项后不断进行因素分析，不断探索，直到探索出符合当初编制的六个层面因素。

本书设计的问卷包含反映受调查者基本情况的 9 个题项，即性别、职业、年龄、受教育程度、税后月收入、客源地、乡村旅游满意度、社区发展满意度、乡村社区发展中需要改进的内容。本书剔除性别、职业、年龄、受教育程度、税后月收入、客源地、乡村社区发展中需要改进的内容等是二值变量和不适做因子分析的，以及不直接作用于南岭瑶族乡村旅游发展影响模型构建的题项，首先对其他 35 个变量进行南岭瑶族乡村旅游社区建设相关的探索性因子分析。

根据前文，南岭瑶族乡村旅游社区发展影响指标题项包括：A_{11} 民族特色建筑、A_{12} 指示牌、A_{13} 基础设施、A_{14} 接待设施与服务、A_{15} 交通便利、A_{16} 公共停车场、A_{21} 特色自然与人文资源、A_{22} 人畜分离、A_{23} 垃圾处理完善、A_{24} 生态环境容量大、A_{25} 培养村民良好卫生意识、A_{31} 有游客服务中心、A_{32} 卫生服务机构完善、A_{33} 社区维护机构、A_{34} 信息网络、生产技术、营销活动、A_{35} 职业技能培训机构、A_{36} 公厕卫生良好、A_{37} 休闲体育设施完善、A_{41} 保护物质文化、A_{42} 非物质文化的保护和传承、A_{43} 设立民族文化传播交流机构、A_{44} 建设民族文化展演舞台、A_{51} 农林牧特色产业经济、A_{52} 有序的旅游经济活动、A_{53} 建设旅游发展公司、A_{54} 旅游增加集体收入，为旅游发展提供经费、A_{55} 提供就业岗位、A_{56} 村民支持、参与旅游开发、A_{57} 村民旅游收入持续增长、A_{58} 开展电商经济、A_{61} 村委会工作公平、村民支持村委会、A_{62} 增强村民民族认同感、A_{63} 族老等乡村精英在旅游开发与社区建设中发挥重要作用、A_{64}村民法制意识增强、营造安全环境、A_{65}民风淳朴、与游客关系和谐。首先进行 KMO 和 Bartlett 检验分析，结果如表 5 - 1 所示。

表 5 - 1　　　　　　　　　**KMO 和 Bartlett 检验结果**

取样足够度的 Kaiser – Meyer – Olkin 度量		0.982
Bartlett 球形检验	近似卡方	30 431.442
	df	595
	Sig.	0.000

35 个题项提取因子的检验值 KMO 值为 0.982，且 Bartlett 值为 0.000，结果显示适合进一步的因子分析。在经过多次探索性因子分析后，提取 6 个因子，旋转后其累计解释方差为 71.73%，其中第 1 个因子包含的解释方差 17.913%，第 2 个因子包含的解释方差 15.288%，第 3 个因子包含的解释方差 14.047%，第 4 个因子包含的解释方差 10.336%，第 5 个因子包含的解释方差 7.092%，第 5 个因子包含的解释方差 7.056%，因子载荷系数均超过 0.5，见表 5 - 2。

表 5 - 2　　　　　　　　　**累计方差解释率和因子提取**

成分	初始特征值			提取平方和载入			旋转平方和载入		
	合计	方差	累积	合计	方差	累积	合计	方差	累积
1	13.525	54.100	54.100	13.525	54.100	54.100	4.478	17.913	17.913
2	1.238	4.953	59.052	1.238	4.953	59.052	3.822	15.288	33.201
3	0.984	3.935	62.987	0.984	3.935	62.987	3.512	14.047	47.248
4	0.836	3.344	66.332	0.836	3.344	66.332	2.584	10.336	57.583
5	0.719	2.876	69.208	0.719	2.876	69.208	1.773	7.092	64.675
6	0.631	2.523	71.730	0.631	2.523	71.730	1.764	7.056	71.730

续表

成分	初始特征值			提取平方和载入			旋转平方和载入		
	合计	方差	累积	合计	方差	累积	合计	方差	累积
7	0.579	2.314	74.044						
8	0.541	2.164	76.209						
9	0.503	2.012	78.221						
10	0.486	1.943	80.164						
11	0.456	1.823	81.986						
12	0.448	1.791	83.778						
13	0.409	1.634	85.412						
14	0.389	1.558	86.969						
15	0.386	1.543	88.513						
16	0.362	1.448	89.961						
17	0.343	1.371	91.332						
18	0.323	1.292	92.624						
19	0.305	1.222	93.846						
20	0.298	1.192	95.038						
21	0.283	1.131	96.169						
22	0.261	1.042	97.211						
23	0.257	1.030	98.241						
24	0.233	0.933	99.174						
25	0.207	0.826	100.000						

　　从表5-3可知，各变量在6个因子的载荷都大约为0.5，且抽取的因子较好地包容了35个变量，区分度比较明显。其中，第1个因子包括了A_{57}村民旅游收入持续增长、A_{55}提供就业岗位、A_{54}旅游增加集体收入，为旅游发展提供经费、A_{56}村民支持、参与旅游开发、A_{58}开展电商经济、A_{53}建设旅游发展公司，故将其定义为"经济发展"；第2个因子包括了A_{33}社区维护机构、A_{31}有游客服务中心、A_{35}职业技能培训机

构、A_{34}信息网络、生产技术、营销活动、A_{32}卫生服务机构完善，故将其定义为"公共服务"；第3个因子包括了A_{15}交通便利、A_{13}基础设施、A_{14}接待设施与服务、A_{12}指示牌、A_{11}民族特色建筑、A_{16}公共停车场，故将其定义为"基础建设"；第4个因子包括了A_{41}保护物质文化、A_{42}非物质文化的保护和传承、A_{44}建设民族文化展演舞台，故将其定义为"民族文化"；第5个因子包括了A_{65}民风淳朴、与游客关系和谐、A_{64}村民法制意识增强、营造安全环境，故将其定义为"社区治理"；第6个因子包括了A_{22}人畜分离、A_{23}垃圾处理完善、A_{25}培养村民良好卫生意识，故将其定义为"生态环境"。

表 5 - 3　　　　　　　　　旋转因子载荷表

变量	成分					
	1	2	3	4	5	6
A_{57}村民旅游收入持续增长	0.759					
A_{55}提供就业岗位	0.711					
A_{54}旅游增加集体收入，为旅游发展提供经费	0.707					
A_{56}村民支持、参与旅游开发	0.697					
A_{58}开展电商经济	0.608					
A_{53}建设旅游发展公司	0.581					
A_{33}社区维护机构		0.702				
A_{31}有游客服务中心		0.696				
A_{35}职业技能培训机构		0.611				
A_{34}信息网络、生产技术、营销活动		0.597				
A_{32}卫生服务机构完善		0.578				
A_{15}交通便利			0.709			
A_{13}基础设施			0.649			
A_{14}接待设施与服务			0.639			
A_{12}指示牌			0.626			

变量	成分					
	1	2	3	4	5	6
A$_{11}$民族特色建筑			0.545			
A$_{16}$公共停车场			0.537			
A$_{41}$保护物质文化				0.726		
A$_{42}$非物质文化的保护和传承				0.716		
A$_{44}$建设民族文化展演舞台				0.537		
A$_{65}$民风淳朴、与游客关系和谐					0.834	
A$_{64}$村民法制意识增强、营造安全环境					0.538	
A$_{22}$人畜分离						0.744
A$_{23}$垃圾处理完善						0.546
A$_{25}$培养村民良好卫生意识						0.415

注：提取方法：主成分；旋转法：具有 Kaiser 标准化的正交旋转法；旋转在 10 次迭代后收敛。

对旋转因子表里的因子进行信度和效度的检验，计算 6 个因子包含的每个变量项与总体的相关系数变量于总体的相关系数最小的为 0.621，均大于 0.5，标准化后的 Cronbach's α 系数为 0.965，都均达到了临界要求，故 6 个因子包含的变量具有较高的内部一致性。设 X$_1$ 为经济发展，X$_2$ 为公共服务，X$_3$ 为基础建设，X$_4$ 为民族文化，X$_5$ 为社区治理，X$_6$ 为生态环境，它们的关系式有：

$$X_1 = 0.759 \times A_{57} + 0.711 \times A_{55} + 0.707 \times A_{54} + 0.697 \times A_{56}$$
$$+ 0.608 \times A_{58} + 0.581 \times A_5 \qquad (5-1)$$

$$X_2 = 0.702 \times A_{33} + 0.696 \times A_{31} + 0.611 \times A_{35} + 0.597 \times A_{34}$$
$$+ 0.578 \times A_{32} \qquad (5-2)$$

$$X_3 = 0.709 \times A_{15} + 0.649 \times A_{13} + 0.639 \times A_{14} + 0.626 \times A_{12}$$
$$+ 0.545 \times A_{11} + 0.537 \times A_{16} \qquad (5-3)$$

$$X_4 = 0.726 \times A_{41} + 0.716 \times A_{42} + 0.537 \times A_{44} \qquad (5-4)$$

$$X_5 = 0.834 \times A_{65} + 0.538 \times A_{64} \qquad (5-5)$$

$$X_6 = 0.744 \times A_{22} + 0.546 \times A_{23} + 0.415 \times A_{25} \qquad (5-6)$$

第二节 验证性因子分析

通过对南岭瑶族乡村旅游社区发展中的各个题项进行探索性因子分析，提取的因子包括基础建设、生态环境、公共服务、民族文化、社区经济、社区治理等，继而检验这些提取因子由哪些相关子项构成，耦合程度如何。

验证性因子分析（CFA）主要是用来验证潜变量与观察变量之间的关系，证明模型理论基础的合理性，检验结构效度并作出相应修正，从而为结构方程模型分析提供修改依据。在管理学中，CFA 通常被认为是进行测量评价的好方法，在测量评价方面，CFA 主要有以下三方面作用：一是评价量表及因子结构；二是评价因子的层次关系，这种测量模型常被称为高阶 CFA；三是评价量表的效度。为了更好地确认前文所做的探索性因子分析所得到的量表和因子结构，检验因子构成的稳定性或一致性，继而采用 AMOS26.0 结构方程模型软件对探索性因子分析所得出来的因子进行验证性分析，旨在确认量表各层面及题项与理论假设所预期。同时，探究量表的因子结构是否能够与样本数据适配，通过数据与测量模型的拟合分析，来检验各观测变量的因子结构与先前的构想是否符合。

一、内部一致性信度检查

首先，对南岭瑶族乡村旅游社区发展中 6 个影响因子的内部一致性进行分析，见表 5-4。从表中可知，各因子指标均满足前文所述的信度指标要求，通过了内部一致性信度检验，说明这 6 个因子测度的一致性良好。

表 5 - 4　　各因子的内部一致性信度分析结构（N = 1 109）

一级指标变量	二级指标变量	描述性统计分析		题项—总体相关系数	Cronbach's α系数
		均值	标准差		
基础建设	A₁₁ 民族特色建筑	7.75	1.857	0.664	0.869
	A₁₂ 指示牌	7.45	1.838	0.678	
	A₁₃ 基础设施	7.36	1.996	0.710	
	A₁₄ 接待设施与服务	7.28	1.988	0.663	
	A₁₅ 交通便利	7.15	2.235	0.641	
	A₁₆ 公共停车场	7.31	2.063	0.664	
生态环境	A₂₂ 人畜分离	7.25	1.972	0.606	0.805
	A₂₃ 垃圾处理完善	7.70	1.790	0.693	
	A₂₅ 培养村民良好卫生意识	7.46	1.805	0.677	
公共服务	VA₃₁ 有游客服务中心	7.06	2.007	0.702	0.883
	A₃₂ 卫生服务机构完善	7.18	1.960	0.679	
	A₃₃ 社区维护机构	6.90	2.052	0.756	
	A₃₄ 信息网络、生产技术、营销活动	6.87	2.059	0.734	
	A₃₅ 职业技能培训机构	6.71	2.195	0.720	
民族文化	A₄₁ 保护物质文化	7.56	1.940	0.735	0.856
	A₄₂ 非物质文化的保护和传承	7.36	2.020	0.758	
	A₄₄ 建设民族文化展演舞台	7.30	1.969	0.696	
经济发展	A₅₃ 建设旅游发展公司	6.82	2.199	0.718	0.921
	A₅₄ 旅游增加集体收入，为旅游发展提供经费	7.11	2.128	0.803	
	A₅₅ 提供就业岗位	7.19	2.083	0.792	
	A₅₆ 村民支持、参与旅游开发	7.42	1.955	0.776	
	A₅₇ 村民旅游收入持续增长	7.14	2.109	0.812	
	A₅₈ 开展电商经济	6.99	2.077	0.574	

一级指标变量	二级指标变量	描述性统计分析		题项—总体相关系数	Cronbach's α 系数
		均值	标准差		
社区治理	A_{64}村民法制意识增强、营造安全环境	7.51	1.875	0.717	0.832
	A_{65}民风淳朴、与游客关系和谐	7.83	1.691	0.717	

二、验证性因子分析

本书运用 AMOS26.0 进行验证性因子分析，以此验证测量模型的构想。在评估模型适配度时，吴明隆建议从绝对适配度指标（如 GFI、AGFI、CK、MCI、CN、ECVI 等）、残差分析指标（如 RMSR、RM-SEA）、增值适配度指标（如 CGI、NFI、NNFI、BFI）与简约适配度指标（如 PNFI、PGFI、AIC）等进行综合评估。综合各研究学者之长，本书采用的模型适配度判断重要准备如下：

①χ^2/df（调整自由度后的卡方指数）：当 $2 < \chi^2/df < 5$ 时，模型可以接受；当 $2 < \chi^2/df < 3$ 时，模型拟合非常好。

②绝对适配指标中的 GFI（goodness-of-fit index，拟合优度指数），这个指数在 0～1 之间，越接近 0 拟合越差，越接近 1 表示拟合越好，多数学者接受 GFI > 0.9。

③残差分析指标中的 MSEA（root mean square error of approximation，近视误差均方根），当 N > 250 时，整体模型适配度可以接受的指标门槛值为 RMSEA < 0.06；当 N > 500 时，整体模型适配度可以接受的门槛值为 TLI 值 > 0.95 且 CFI 值 > 0.95。

④增值适配指标中 NNFI（non-normed fit index，非基准拟合指数）：若 NNFI > 0.90 或 TLI > 0.90，模型可接受；NNFI 越接近于 1，表示模型拟合程度越好。

⑤比较拟合指数 CFI（comparative fit index）是不受样本容量影响且能比较敏感反映误差和模型变化的相对拟合指数。若 CFI 大于或等于

0.90，模型可接受；CFI 越接近于 1 表明模型拟合效果越好。

⑥TLI（tucker-lewis index，tucker-lewis）指数是一种在新近的拟合指数研究中较为推崇的相对拟合指数，一般认为 TLI≥0.9，表明模型可接受，TLI 越接近 1 表明模型拟合效果越好。

随后，对南岭瑶族乡村旅游社区发展中的"基础建设""生态环境""公共服务""民族文化""经济发展"五个因子的变量进行验证性分析，因"社区治理"只有 2 个观察变量，故不进行单独因子的验证性分析。

（一）基础设施测量模型的拟合结果

在对基础建设 6 个变量进行验证性因子分析，测量拟合结果如表 5-5 所示。基础建设测量模型的拟合结果表明，χ^2/df 的值为 4.066，小于 5；RMSEA 值为 0.053，小于 0.1；CFI 和 TLI 分别为 0.996 和 0.984，均大于 0.9，NFI 和 GFI 分别为 0.994 和 0.995；各路径系数均在 $p < 0.001$ 的水平上具有统计显著性，见表 5-6。由此可见，该模型拟合效果很好，探索性因子结构得到了很好的验证。

表 5-5 　　　　　　　　　　基础建设情况拟合指数

χ^2/df	RMSEA	CFI	NFI	GFI	TLI
4.066	0.053	0.996	0.994	0.995	0.984

表 5-6 　　　　　　　　基础建设模型的拟合结果（N = 1 109）

假设关系			标准化路径系数	路径系数	C.R.	P
A_{11}民族特色建筑	←	基础建设	0.718	1.000		
A_{12}指示牌	←	基础建设	0.748	1.031	22.820	***
A_{13}基础设施	←	基础建设	0.792	1.185	21.110	***
A_{14}接待设施与服务	←	基础建设	0.710	1.058	19.324	***

续表

假设关系			标准化路径系数	路径系数	C. R.	P
A₁₅交通便利	←	基础建设	0.658	1.103	18.860	***
A₁₆公共停车场	←	基础建设	0.692	1.071	20.203	***

　　本书对基础建设6个变量的划分和测量是有效的，如图5-1所示。南岭瑶族乡村旅游社区在旅游开发过程中基础建设情况确实由民族特色建筑、指示牌、基础设施、接待设施与服务、交通便利、公共停车场构成，且各因子对题项因素的路径系数都比较高。其中，基础设施支出路径系数最高，达到了0.79，可见南岭瑶族社区乡村旅游发展过程中基础设施的建设是最重要的，在南岭瑶族乡村旅游社区发展过程中，民族特色建筑、指示牌、旅游接待设施与服务的路径系数分别为0.72、0.75、0.71，可见在乡村旅游发展中，民族特色建筑是非常重要的吸引力，而旅游指示牌、旅游接待设施与服务在南岭瑶族乡村旅游社区发展建设中发挥了重要作用，也成为乡村旅游发展的基础条件。同时，在发展南岭瑶族乡村旅游社区中，交通便利和社区具有公共停车场的路径系数差不多，分别为0.66和0.69，可见新型农村社区建设中占有相当地位。

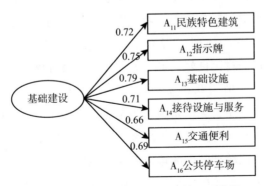

图5-1　基础建设情况的验证性因子分析

（二）生态环境测量模型的拟合结果

对生态环境的 3 个变量进行验证性因子分析，测量拟合结果见表 5-7。生态环境测量模型的拟合结果表明，因观察变量只有 3 个，样本数据 N 大于 500，故只能考察 CFI、NFI、GFI，它们的数值分别是 1.000、1.000、1.000，模型拟合效果优。各路径系数均在 p < 0.001 的水平上具有统计显著性。由此可见，该模型拟合效果很好，探索性因子结构得到很好的验证。

表 5-7　　　　　　　　生态环境模型的拟合结果　（N = 1 109）

假设关系			标准化路径系数	路径系数	C. R.	P
A$_{22}$人畜分离	←	生态环境	0.679	1.000		
A$_{23}$垃圾处理完善	←	生态环境	0.827	1.105	20.823	***
A$_{25}$培养村民良好卫生意识	←	生态环境	0.799	1.076	20.896	***

从表 5-7 可知，当 N > 500 时，考察的 CFI、NFI、GFI 均等于 1。因此，耦合效果非常好，探索性模型得到很好验证。从图 5-2 可以看出，生态环境即本研究对生态环境的 3 个变量的划分和测量是有效的。南岭瑶族乡村社区在旅游开发过程中生态环境情况确实由人畜分离、垃圾处理完善、培养村民良好卫生习惯组成，且各因子对题项因素的路径系数都比较高。垃圾处理完善因子对生态环境路径系数比较高，为 0.83，其次是培养村民良好的卫生习惯，而人畜分离相对来说对生态环境的影响的路径系数为 0.68，也相当高。整体来说，在南岭瑶族乡村旅游社区生态环境中，无论是游客还是居民更关注的是当地外在显性的生态环境，自乡村旅游发展成为游客与居民关注的重点，社区居民和游客更加关注乡村旅游社区中的垃圾处理、卫生习惯、人畜分离等显性环境，要一改过去人们印象中乡村社区脏、乱、差的环境形象。

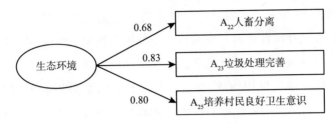

图5-2 生态环境建设情况的验证性因子分析

（三）公共服务测量模型的拟合结果

在公共服务的5个变量进行验证性因子分析中，测量拟合结果见表5-8、表5-9。公共服务测量模型的拟合结果表明，χ^2/df 的值为0.056，小于2；RMSEA 值为0.00，小于0.05；CFI、NFI、GFI 和 TLI 分别为1.000、1.000、1.000 和1.003；各路径系数均在 $p < 0.001$ 的水平上具有统计显著性。由此可见，该模型拟合效果很好，探索性因子结构得到很好的验证。

表5-8 公共服务情况拟合指数

χ^2/df	RMSEA	CFI	NFI	GFI	TLI
0.050	0.000	1.000	1.000	1.000	1.003

表5-9 公共服务模型的拟合结果（N=1 109）

假设关系			标准化路径系数	路径系数	C. R.	P
A_{31} 有游客服务中心	←	公共服务	0.797	1.000		
A_{32} 卫生服务机构完善	←	公共服务	0.718	0.880	22.453	***
A_{33} 社区维护机构	←	公共服务	0.801	1.028	22.156	***
A_{34} 信息网络、生产技术、营销活动	←	公共服务	0.743	0.957	21.182	***
A_{35} 职业技能培训机构	←	公共服务	0.755	1.036	23.154	***

如图5-3所示，本书对公共服务5个变量的划分和测量是有效的。南岭瑶族乡村社区在旅游开发过程中公共服务情况确实由有游客服务中心、卫生服务机构完善、社区维护机构、信息网络与生产技术及营销活动、职业技能培训机构构成，且各因子对题项因素的路径系数都比较高。其中，社区有游客中心和社区维护机构路径系数最高，达到0.80，可见南岭瑶族乡村旅游社区发展中，游客中心与社区维护机构作用同等重要，它们可以为游客服务，也可以为当地社区居民服务，既是对外接待的窗口，也是对内服务的窗口，在连接游客和居民之间发挥着重要作用。其他的变量——卫生服务机构完善、信息网络与生产技术及营销活动、职业技能培训机构的路径系数分别为0.72、0.74、0.76，可见在南岭瑶族乡村旅游发展过程中，这些因素占有相当地位。

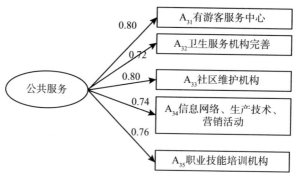

图5-3　公共服务情况的验证性因子分析

（四）民族文化测量模型的拟合结果

本书对民族文化的3个变量进行验证性因子分析，测量拟合结果见表5-10。民族文化测量模型的拟合结果表明，因观察变量只有3个，样本数据N大于500，故只能考察CFI、NFI、GFI，它们的数值分别是1.000、1.000、1.000，模型拟合效果优。各路径系数均在$p < 0.001$的水平上具有统计显著性。由此可见，该模型拟合效果很好，探索性因子结构得到很好的验证。

在表 5 - 10 中，当 N > 500 时，考察的 CFI、NFI、GFI 均等于 1。因此，耦合效果非常好，探索性模型得到很好验证。如图 5 - 4 所示，生态环境即本书对生态环境的 3 个变量的划分和测量是有效的。南岭瑶族乡村旅游社区在旅游开发过程中民族文化情况确实由保护物质文化、非物质文化的保护和传承、建设民族文化展演舞台组成，且各因子对题项因素的路径系数都比较高。非物质文化的保护和传承对民族文化路径系数比较高，为 0.86，其次是保护物质文化，而建设民族文化展演舞台相对来说对民族文化的影响的路径系数为 0.76，也相当高。整体来说，在南岭瑶族乡村旅游社区发展中，瑶族文化是亮点，也是乡村旅游发展的重要吸引力。社区居民通过乡村旅游社区民族文化的展演舞台，将瑶族物质与非物质文化通过舞台化的形式展演出来，为游客不仅仅提供了视觉效果、感官刺激，更是从期望系统中，切实感受到瑶族文化是受人喜爱的，是能够通过旅游转化成经济效益的。同时也能大大地吸引当地社区居民参与到保护和传承瑶族物质与非物质文化的活动中。

表 5 - 10　　　　　　民族文化模型的拟合结果 （N = 1 109）

假设关系		标准化路径系数	路径系数	C. R.	P
A₄₁ 保护物质文化	← 民族文化	0.823	1.000		
A₄₂ 非物质文化的保护和传承	← 民族文化	0.863	1.092	28.041	***
A₄₄ 建设民族文化展演舞台	← 民族文化	0.763	0.941	26.275	***

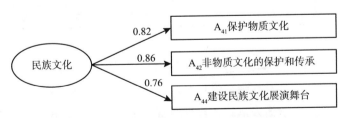

图 5 - 4　民族文化情况的验证性因子分析

（五）经济发展测量模型的拟合结果

本书对经济发展这 6 个变量进行验证性因子分析，测量拟合结果见表 5 – 11、表 5 – 12。经济发展测量模型的拟合结果表明，χ^2/df 的值为 2.553，小于 5；RMSEA 值为 0.037，小于 0.1；CFI 和 TLI 分别为 0.999 和 0.995，均大于 0.9，NFI 和 GFI 分别为 0.999 和 0.998；各路径系数均在 p < 0.001 的水平上具有统计显著性。由此可见，该模型拟合效果很好，探索性因子结构得到很好的验证。

表 5 – 11　　　　　经济发展模型的拟合结果（N = 1 109）

假设关系			标准化路径系数	路径系数	C. R.	P
A_{53} 建设旅游发展公司	←	经济发展	0.698	1.000		
A_{54} 旅游增加集体收入，为旅游发展提供经费	←	经济发展	0.820	1.138	26.959	***
A_{55} 提供就业岗位	←	经济发展	0.890	1.208	23.177	***
A_{56} 村民支持、参与旅游开发	←	经济发展	0.844	1.075	25.530	***
A_{57} 村民旅游收入持续增长	←	经济发展	0.881	1.211	25.472	***
A_{58} 开展电商经济	←	经济发展	0.745	1.009	25.944	***

表 5 – 12　　　　　经济发展情况拟合指数

χ^2/df	RMSEA	CFI	NFI	GFI	TLI
2.553	0.037	0.999	0.999	0.998	0.995

如图 5 – 5 所示，本书对经济发展 6 个变量的划分和测量是有效的。南岭瑶族乡村旅游社区经济发展情况确实由建设旅游发展公司、旅游增加集体收入，为旅游发展提供经费、提供就业岗位、村民支持、参与旅游开发、村民旅游收入持续增长、开展电商经济构成，且各因子对题项因素的路径系数都非常高。其中，提供就业岗位支出路径系数最高，达

到 0.89，可见南岭瑶族社区乡村旅游发展过程中，旅游发展能够为当地社区提供就业岗位，就地解决农村富余劳动力的作用非常明显；其次是村民旅游收入持续增长路径系数达到 0.88，表明了在南岭瑶族乡村旅游社区发展过程中，乡村旅游发展能够增加农村社区收入作用明显，同时在蝴蝶效应下，农村社区村民支持、参与旅游开发的热情也随之高涨，路径系数达到 0.84，这些都是有逻辑关系的。在乡村振兴过程中，南岭瑶族乡村旅游社区发展中，乡村旅游的发展对乡村旅游社区居民来说，提供了第三产业发展路径，社区居民通过参与旅游业的开发，提供旅游产品和旅游服务，在村里、在家里就能够帮助他们就地解决富余劳动力，增加收入。同时也要引起重视的是，相对于这些路径系数较高的题项，无论对于乡村旅游社区居民，还是前往当地的游客，建设旅游发展公司和开展电商经济都不太被重视，路径系数在这里仅为 0.70 和 0.75，他们更加重视的是自己切身的感受和实惠。

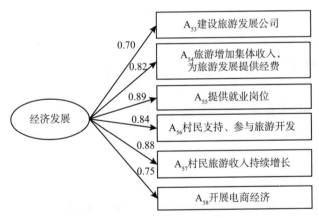

图 5-5　经济发展情况的验证性因子分析

三、南岭瑶族乡村旅游社区发展各影响因子关系分析

史春云等（2007）指出结构方程模式（structural equation modeling, SEM）在国内旅游学的应用具有独特优势，在旅游学的具体应用可以分

为八类，分别是文献梳理、理论模型界定、模型识别、选择测量变项与实地搜集资料、模型估计、整体模拟拟合检验、模型修正。本书通过对变量关系进行假设，检验其信度和效度，再运用 AMOS 软件进一步绘制南岭瑶族乡村旅游社区发展影响结构模型图，验证假设，构建南岭瑶族乡村旅游社区发展影响的结构模型。

（一）研究假设

本书借鉴参考了近十年的中共中央国务院、民政部、党中央会议以及山东、河南、浙江等省市发布的政府报告、文件、指导意见，参照研究学者周阳敏（2014）、范姗姗等（2018）、莫莉秋（2017）、何成军等（2016）、易丹辉等（2015）、曹雪等（2009）、蒋春燕等（2009）、冯淑华等（2007）等的研究成果，结合南岭瑶族地区乡村旅游发展现状、当地社区发展阶段和实际情况，归纳整理了南岭瑶族乡村旅游社区发展的评价指标体系，从社区基础设施、社区生态环境、社区公共服务设施、社区民族文化、社区经济发展、社区治理六个方面来考察。为了更好地验证影响因子的科学性、系统性、完整性，通过构建结构方程模型，更加全面、正确、科学地阐述南岭瑶族乡村旅游社区建设的发展影响因素。

南岭瑶族乡村旅游社区发展过程中，与乡村旅游及乡村社区的发展存在着紧密联系，在研究之初，前人研究成果显示了乡村旅游能够促进中国乡村社区的发展。但是南岭瑶族地区乡村社区发展影响因素是什么，相互之间如何发生影响，这种"影响"的路径是怎样的，需要用具体研究数据来验证，因此，根据乡村旅游影响理论和递进关系，本书试图从以下关系假设出发，探究南岭瑶族乡村旅游社区发展的影响路径。

前人对民族地区乡村旅游研究成果颇丰，但基于结构方程模型（Structural Equation Model，SEM）方法研究民族地区乡村旅游成果较少，同样用 SEM 研究方法对南岭瑶族地区乡村旅游与新型农村社区建设研究较少。在中国新的经济情景和背景下，国家对政策扶持力度大，对民族地区经济、社会、文化发展给予了更多的关注和支持，从前人对中国乡村旅游、新农村建设、美丽乡村、新型农村社区建设等相关研究中寻找理论和实践经验的支持。本书参照我国建设"生产发展、生活宽裕、乡风文明、村容整洁、管理民主"的社会主义新农村的要求，以及专家学者近十年来对乡村旅游、社区建设的相关研究，探寻南岭瑶族乡村旅游社区之间的影响因素的研究假设。

在美丽乡村、新型农村社区建设与相关社区建设的研究中，学者郭进辉（2017）在研究中发现美丽乡村建设中，社区居民对美丽乡村建设所取得的社会效益关注呈反向影响，对经济效益和环境效益呈正向影响。庞娟（2017）通过对广西农村社区的调研，利用结构方程模型分析得到新型农村社区中人居环境、管理民主、公共服务、文化秩序与新型农村社区建设的满意度呈正相关关系，都有显著影响。唐小翠（2013）以湖南湘潭市九华示范区下辖农场社区为研究对象，通过实证分析验证了农场社区信息服务成熟度与公众满意度呈正向影响关系。

在乡村旅游相关研究中，杜宗斌（2011）已经通过浙江安吉的实地调研论证了社区居民的旅游感知，包括提高村民经济收入、促进本地经济发展、增加就业机会、改善本地基础设施、促进环境保护意识增强、保护历史遗迹保护等正面旅游感知与社区归属感呈正相关关系，而社区居民的参与意识、参与决策等社区参与与旅游感知呈正相关关系。钟溢颖（2015）以西江千户苗寨为例研究得出旅游对于民族村寨文化变迁存在正相关关系。吴娇（2015）以南京高淳区位实证研究，验证了包括自然环境、地理位置等在内的客观真实性符号感知与乡村旅游满意度存在着正相关关系。庞娟（2018）通过对云南昆明、大理、丽江少数民族聚居地进行研究得出，民族地区居民通过经济、文化和环境获益感知对居民资源保护行为有显著的正向影响，民族地区居民通过经济、文化和环境获益感知间接对居民资源保护行为产生正向影响。

本书基于对前人美丽乡村建设、农村社区发展、乡村旅游相关的研究模型要素，结合南岭瑶族乡村旅游社区的基本情况，提出如下假设：

H_1：社区基础设施建设 A_1 与南岭瑶族乡村旅游社区发展呈正相关

关系。

H_2：社区生态环境 A_2 与南岭瑶族乡村旅游社区发展呈正相关关系。

H_3：社区公共服务 A_3 与南岭瑶族乡村旅游社区发展呈正相关关系。

H_4：社区民族文化保护传承 A_4 与南岭瑶族乡村旅游社区发展呈正相关关系。

H_5：社区经济发展 A_5 与南岭瑶族乡村旅游社区发展呈正相关关系。

H_6：社区治理 A_6 与南岭瑶族乡村旅游社区发展呈正相关关系。

（二）结构方程模型

本书就南岭瑶族乡村旅游社区发展情况提取因子分别进行了探索性和验证性分析，现在运用 SPSS26.0 和 AMOS26.0 软件对所有因子相互之间的关系进行分析，开展总结性描述。

1. 南岭瑶族乡村旅游社区建设状况提取因子的相关性研究

为进一步验证基础建设、生态环境、公共服务、民族文化、经济发展、社区建设等方面在南岭瑶族乡村旅游社区发展方面的数量表现，现将其构成因子全部展开，计算相关系数并进行显著性检验。探索性因子分析和验证性因子分析的 25 个变量通过 Pearson 相关系数检验，相关系数均为正值，且在 0.4 以上，说明 25 个变量之间相关关系紧密；同时，25 个变量的显著性均为 0.000，且小于 0.01，说明这些变量之间显著性非常强。

2. 南岭瑶族乡村旅游社区发展的关系模型

为了更好地描述 25 个变量之间的关系和南岭瑶族乡村旅游社区发展的联系，本书用问卷中乡村旅游满意度和社区发展满意度两个变量与南岭瑶族乡村旅游社区发展影响评价的 25 个变量，运用 AMOS26.0 软件共同构建南岭瑶族乡村旅游社区发展影响因素的结构方程模型，经过修正模型和关系，得到相关研究结果。表 5 - 13、表 5 - 14 展示了南岭瑶族乡村旅游社区发展因子之间和因子内部要求之间的综合关系。如

图 5 - 6 所示，南岭瑶族乡村旅游社区发展状况增加一个变量，即乡村与社区，它由 X_1（乡村旅游满意度）和 S_1（社区建设满意度）两个题项组成，探究乡村与社区和原来 6 个变量之间的关系，原来 6 个变量它们分别是基础建设、生态环境、公共服务、民族文化、经济发展、社区治理。

表 5 - 13　　　南岭瑶族乡村旅游社区发展模型的拟合结果（N = 1 109）

假设关系			标准化路径系数	路径系数	C. R.	P
乡村旅游社区	←	生态环境	0.177	0.171	1.736	0.083
乡村旅游社区	←	公共服务	-0.390	-0.373	-3.424	***
乡村旅游社区	←	民族文化	0.460	0.430	3.490	***
乡村旅游社区	←	经济发展	0.694	0.665	6.601	***
乡村旅游社区	←	社区治理	-0.339	-0.368	-3.268	0.001
A_{15}	←	基础建设	0.679	1.000		
A_{14}	←	基础建设	0.713	0.934	21.625	***
A_{13}	←	基础建设	0.766	1.008	23.048	***
A_{12}	←	基础建设	0.729	0.883	22.063	***
A_{15}	←	基础建设	0.744	0.910	22.398	***
A_{25}	←	生态环境	0.868	1.000		
A_{23}	←	生态环境	0.762	0.870	29.097	***
A_{22}	←	生态环境	0.717	0.894	24.465	***
A_{34}	←	公共服务	0.765	1.000		
A_{33}	←	公共服务	0.803	1.047	28.360	***
A_{32}	←	公共服务	0.762	0.948	26.384	***
A_{31}	←	公共服务	0.767	0.979	26.829	***
A_{42}	←	民族文化	0.797	1.000		
A_{41}	←	民族文化	0.779	0.939	32.265	***
A_{56}	←	经济发展	0.801	1.000		

假设关系			标准化路径系数	路径系数	C. R.	P
A₅₅	←	经济发展	0.826	1.094	31.676	***
A₅₄	←	经济发展	0.846	1.144	32.592	***
A₅₃	←	经济发展	0.769	1.078	28.813	***
A₅₇	←	经济发展	0.840	1.130	37.418	***
A₆₅	←	社区治理	0.825	1.000		
A₆₄	←	社区治理	0.863	1.160	32.340	***
A₁₆	←	基础建设	0.732	0.996	22.149	***
A₃₅	←	公共服务	0.767	1.070	29.838	***
A₄₄	←	民族文化	0.817	1.000	29.589	***
A₅₈	←	经济发展	0.807	1.066	30.344	***
S₁	←	乡村旅游社区	0.794	1.000		
X₁	←	乡村旅游社区	0.927	1.286	19.751	***

表 5 – 14　　　　南岭瑶族乡村旅游社区发展情况拟合指数

χ^2/df	RMSEA	CFI	NFI	GFI	TLI
3.565	0.048	0.965	0.953	0.935	0.958

从表 5 – 14 可知，χ^2/df 小于 5，关键是 RMSEA 小于 0.5，CFI、NFI、GFI、TLI 值分别为 0.965、0.953、0.935、0.958，其均满足大于 0.9 的要求，因此南岭瑶族乡村旅游社区发展全模型拟合度较好。

同时，从表 5 – 13 可知，在这个模型当中，基础建设和南岭瑶族乡村旅游社区的路径显著性系数为 0.431，生态环境和乡村旅游背景下南岭瑶族乡村旅游社区发展影响的路径显著性系数为 0.083，显著性概率值大于可接受的 0.01，显著性不显著，这两条路径不予考虑。

　　如图 5 - 6 所示,南岭瑶族乡村旅游社区发展状况中剩下的路径公共服务、民族文化、经济发展和社区治理,它们对乡村旅游背景下南岭瑶族新型农村建设直接的路径系数分别为 - 0. 39、0. 46、0. 69 和 - 0. 34,作用力最强的是经济发展,最小的基础建设,其次是民族文化,公共服务、社区治理则从负向对南岭瑶族乡村旅游社区发展构成影响。

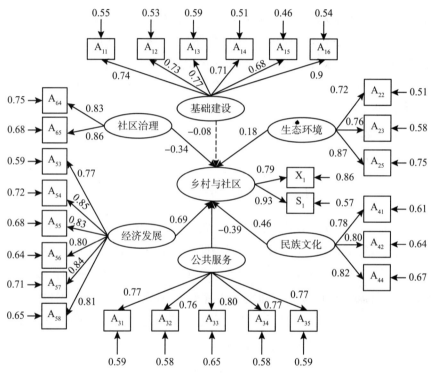

图 5 - 6　南岭瑶族乡村旅游社区发展影响因素全模型

(三) 相关讨论

1. 基础建设对南岭瑶族乡村旅游社区发展的影响

　　实证研究表明,在南岭瑶族乡村旅游社区发展影响状况全模型中,基础建设和南岭瑶族乡村旅游社区发展的路径显著性系数为 0. 431,显著性概率值大于可接受的 0.05，结果是不显著，没有通过显著性检验，故这个路径的假设 H_1 不成立，即基础建设 A_1 与南岭瑶族乡村旅游社区发展不是呈正向相关关系。这个结果存在的因素可能是：①问卷设计的分值为 1~9 分，当中分值过于紧密；②填写问卷时的游客与居民对部分题项的理解不到位，外加调研人员的疏忽，致使填写问卷的结果不尽如人意；③在南岭瑶族乡村旅游社区发展过程中，传统的乡村社区在新农村建设、美丽乡村、乡村振兴等政策引领下，基础设施的建设已取得了较大成果。而今乡村旅游社区发展吸引力聚焦于当地民族文化，游客旅游过程求新、求异、求美的追求依然强烈，对传统的、原生态的旅游资源包容度很大，在民族文化、生态环境和基础设施的发展相比较中，对基础设施关注程度没有民族文化、生态环境等其他因子高；而社区居民经历过多年的基础设施建设过程，早已对基础设施成果习以为常，故认知中关注度不大。

2. 生态环境对南岭瑶族乡村旅游社区发展的影响

实证研究表明，在南岭瑶族乡村旅游社区发展影响全模型中，生态环境和南岭瑶族乡村旅游社区发展的路径显著性系数为 0.083，显著性概率值大于可接受的 0.05，但是小于 0.1，具有一定的显著性，故认定这个路径的假设 H_2 成立，即生态环境 A_2 与南岭瑶族乡村旅游社区发展呈正向相关关系。究其原因，部分原因和基础建设分析中的①②相似，还有其他原因就是经过国家、各省、各市、各县的重视，中国共产党第十六届五中全会提出美丽乡村建设，2013 年农业部启动了"美丽乡村"创建活动，各地掀起的创建"美丽乡村"活动，首推的就是各地，包括民族地区，还有南岭瑶族地区卫生、环境的整治。经过几年的工作，取得了一系列的成效，相对应来说，旅游对生态环境的影响较小。

3. 公共服务对南岭瑶族乡村旅游社区发展的影响

实证研究表明，在南岭瑶族乡村旅游社区发展影响全模型中，公共服务和南岭瑶族乡村旅游社区发展的路径显著性系数为 0.000，显著性概率值小于可接受的 0.01，结果是非常显著，通过显著性检验，故这个路径的假设 H_3 成立，但是该路径系数为 -0.39，结果显示公共服务 A_3 与南岭瑶族乡村旅游社区发展呈负向相关关系，其中存在着负向影响关系。根据艾伯特·赫希曼的不平衡发展理论，落后地区在发展经济初期，首先要发展带头产业。乡村旅游业成为多数民族地区经济发展的良方。南岭瑶族地区新型农村社区建设和发展过程中，由于城乡结构的差异，当地公共服务确实比城市发展慢，在目前的发展态势中，乡村旅游的发展为南岭瑶族地区的新型农村带来了大量的游客，游客大部分是从城市流动到乡村，在游客的视角里，相对应地将城市发展的眼光代入南岭瑶族地区的新型农村社区当中，希望公共服务建设更好；同时，随着游客流动，带来更多的信心，以及互联网的普及，社区居民对美好生活的向往越来越强烈，对生活品质的追求越来越高，但是当地的社区居民看到越来越多的游客涌入当地社区，也感受到了越来越多的城乡差距，因此对当地的公共服务的看法也越多。

4. 民族文化对南岭瑶族乡村旅游社区发展的影响

实证研究表明，南岭瑶族乡村旅游社区发展影响全模型中，民族文化和南岭瑶族乡村旅游社区发展的路径显著性系数为 0.000，显著性概率值小于可接受的 0.01，结果是非常显著，通过显著性检验，故这个路径的假设 H_4 成立，该路径系数为 0.46，结果显示民族文化 A_4 与乡村旅游与南岭瑶族乡村旅游社区呈正向相关关系。在进一步次级分析中，A_{44} 即民族展演舞台对民族文化作用系数为 0.80，说明在南岭瑶族乡村旅游社区发展中影响比 A_{42} 和 A_{41} 要大。

5. 经济发展对南岭瑶族乡村旅游社区发展的影响

实证研究表明，南岭瑶族乡村旅游社区发展影响全模型中，经济发展和南岭瑶族乡村旅游社区发展的路径显著性系数为 0.000，显著性概率值小于可接受的 0.01，结果是非常显著，通过显著性检验，故这个路径的假设 H_5 成立，该路径系数为 0.69，结果显示经济发展 A_5 与南岭瑶族乡村旅游社区呈正相关关系。其中所有的题项对于经济发展的作用系数均在 0.77 以上,影响加大,说明南岭瑶族乡村旅游社区开展社区建设中,经济基础决定上层建筑的道理非常明显。在增长极理论中,乡村旅游作为民族地区经济发展的"增长极",势必成为当地的优势产业、带头产业,发挥着积极带头作用,也会影响到周边地区和产业的发展。因此,游客能够看到乡村旅游的发展为南岭瑶族乡村旅游社区建设带来经济实惠与便利;当地社区居民切身感受到了旅游发展对解决农村服务劳动力、增加农民收入等方面带来了切身的实惠,对此,游客和居民均表示非常认同。

6. 社区治理对南岭瑶族乡村旅游社区发展的影响

实证研究表明,南岭瑶族乡村旅游社区发展影响全模型中,社区治理和乡村旅游背景下南岭瑶族乡村旅游社区的社区建设的路径显著性系数为 0.000,显著性概率值小于可接受的 0.01,结果是非常显著,通过显著性检验,故这个路径的假设 H_6 成立,但是该路径系数为 -0.34,结果显示公共服务 A_6 与南岭瑶族乡村旅游社区呈负向相关关系,其中存在着负向影响关系。究其原因还是和基础建设的相关原因①②有关联,但是与南岭瑶族乡村旅游社区发展中,乡村旅游的发展带来的游客对旅游社区的认识和印象都是短暂的。由于南岭瑶族地区距离旅游中心城市不算近,往往舟车劳顿前往旅游社区游览后,匆忙离去,在南岭瑶族社区停留时间有限,对南岭瑶族乡村旅游社区的认识较浅显,对于社区治理关注不高。同时,对于社区居民来说,大部分的南岭瑶族乡村旅游社区还是空心村,多是老年妇孺在家,对社区治理问题也不大关注,致使调查出来的结果如此。

第六章

南岭瑶族乡村旅游社区发展路径

第一节　南岭瑶族乡村旅游社区发展建设的目标

一、旅游地周期发展目标

至今国内外学者在因素和研究周期理论时一般使用的是 1980 年被巴特勒（R·Butler）重新做了系统阐述的周期理论，即旅游地生命周期分为六个阶段：探索（exploration）、起步（involvement）、发展（development）、稳固（consolidation）、停滞（stagnation）、衰落（decline）或复兴（rejuvenation），并且引入了使用广泛的"S"形曲线来加以表述，如图 6-1 所示。

巴特勒认为，同产品一样，旅游地也要经历"从生到死"的过程，这个过程体现在旅游者的数量上，而不是体现在产品的销量上。目的地因为各种各样的因素改变，包括：旅游者偏好与需求的变化；优质设备与设施不断退化以及可能的更新；原生态自然和文化吸引物的改变（更甚者消失），而这些正是该地区最初的吸引力。

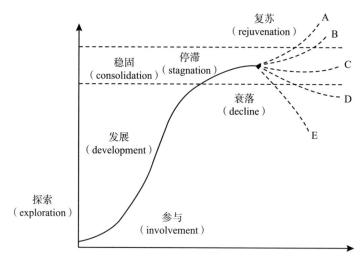

图 6 - 1 旅游地生命周期曲线

因此，在南岭瑶族地区，不同的乡村旅游社区拥有不同的资源类型，不同的资源开发力度不一样，市场接受度不同，受外在因素和内在因素的影响，南岭瑶族乡村旅游社区发展会处于不同的发展周期。无论是处于发展周期的哪个阶段，旅游开发者、社区建设者需要正视在不同发展阶段的不同特点，合理、有序地开发乡村旅游和进行社区建设。

二、可持续发展

可持续发展概念的提出可追溯到 20 世纪 80 年代，"可持续发展"一词最早出现于 1980 年由世界自然保护联盟所制定并发布的《世界自然保护大纲》中，大概指通过对自然、社会、生态、经济等体系间基本关系的统筹来确保全球可持续发展。但这在当时的社会中并未受到太多关注。直至 20 世纪 80 年代末期，世界环境与发展委员会在其发表的《我们共同的未来》报告中作出较为系统的阐述，"可持续发展"才被定义为"能满足当代人的需要，又不对后代人满足其需要的能力构成危害的发展"，至此引起了各界的关注。中国政府于 1994 年发表的《中国

21 世纪议程—中国 21 世纪人口、环境与发展白皮书》首次将可持续发展纳入我国社会经济发展的计划。中共十五大将"可持续发展战略"作为一项重大战略提出。可持续发展是基于三大原则，即公平性原则、持续性原则及共同性原则所提出的，其内容主要包括三个方面，分别为社会可持续发展、生态可持续发展和经济可持续发展。

前文实证研究已经证实乡村旅游是南岭瑶族乡村社区经济发展的重大推力，在很多社区已经成为带头经济、产业经济，发挥着增长极的作用。乡村旅游的可持续发展是推动南岭瑶族地区旅游业发展的重要助力，对南岭瑶族乡村旅游社区社会可持续发展、生态可持续发展、经济可持续发展的建设具有重要意义。

三、社区战略发展目标

提及"社区战略发展目标"，首先应从"战略"进行梳理。"战略"一词早期主要用于军事、政治领域。随着社会的不断发展，"战略"一词被引用到了社会、经济、外交等各个人类社会活动领域。在当前的社会中，"发展战略"一词的运用最为广泛。"发展战略"一词最早出现在 1958 年美国发展经济学家赫希曼所出版的《经济发展战略》（*Strategy of Economic Development*）一书中。现代"发展战略"主要具有实践性、全局性、长远性、层次性四大基本特征。其主要包括战略指导思想、战略目标、战略重点、战略措施、战略阶段等要素。"发展战略目标"即指战略主体在一较长时期内统筹全局发展的最终奋斗目标。"社区战略发展目标"即为一个社区在较长时期内统筹全局的奋斗目标，也可以说是该社区对自身发展预期取得的主要成果的期望值。

南岭瑶族乡村旅游社区发展中，需要构建战略发展目标，尤其明确乡村旅游在乡村振兴中的作用，乡村旅游在南岭瑶族地区增长极的作用，乡村旅游在南岭瑶族地区经济发展产业的带头作用，就需要在一段较长时间内秉承明确发展乡村旅游的目标，要正确认识到旅游地具有周期性发展特点，戒骄戒躁，从正确认识到社区资源特色出发，结合本地社区农业与特色产业，做好"农业＋旅游""特色＋旅游"的发展规划，有条不紊地做好旅游社区战略发展目标。

第二节 南岭瑶族乡村旅游社区发展的理论基础

一、不平衡发展理论

不平衡发展理论最早是艾伯特·赫希曼提出来的，在其1958年出版的《经济发展战略》中，他认为经济增长过程是不平衡的，即经济部门或产业的发展是不平衡的，并强调了关联效应和资源优化配置效应。艾伯特·赫希曼的《经济发展战略》一书以发展中国家为研究对象，但是提出的"不平衡增长"理论，对于研究一国之内不发达地区是同样适用的。他认为，落后体现在许多不同的、相互关联的方面，不发达国家要做的重要工作很多。根据这种相互关联，认为在一定时间段内是存在某一方面单独进步的现象的，但若想获得长期的发展，必须使得各个方向共同进步。

艾伯特·赫希曼的不平衡发展理论主张是发展中国家的投资应有选择地在某些部门进行，其他部门通过外部经济作用而逐步得到发展的经济战略。由于经济发展本质上存在一定的相似性，该理论在做区域开发与规划时经常被借鉴和引用。不平衡增长理论的基本观点可概括为以下几个方面：（1）落后地区真正缺乏的不是资源本身而是把资源投入使用的方法与能力，应该优先考虑那些能最大限度地引致投资的项目。（2）经济发展初期，由于资源约束，应该首先发展带头产业，从而推动其他部门的发展。当经济发展到高级阶段，国民经济各部门发展需要一定的协调以维持稳定、全面的增长时，平衡增长便成为必然。在赫希曼看来，经济发展道路上充满了技术、设备和产品短缺的障碍和瓶颈，因此只能以踩跷板的方式前进。所谓平衡的恢复不是压力、刺激和强制的结果，不平衡才是常态。（3）平衡增长与不平衡增长是从不同角度、不同时期、不同阶段考虑的。强调不平衡增长的目的是实现更高层次的平衡增长，以不平衡增长最终促成平衡增长。

在不平衡发展理论视角下，经济的发展是存在选择性的，在侧重于某一产业和某一地区的过程中达到资源的最优配置和利用。由于发展中国家一般处于资本稀缺的经济发展的初级阶段，相对于平衡增长而言，不平衡增长理论更具有吸引力。这也是在区域发展中，区域不平衡发展理论备受关注和普遍采用的原因。

对于南岭瑶族地区经济发展来说，正符合了区域经济发展中经济不平衡发展现状。在南岭瑶族地区经济发展建设中，应该有选择地发展一些重点行业和产业，诸如旅游业。南岭瑶族社区的自然资源、人文资源相对富足，拥有资源优势，开发乡村旅游业可最大限度地帮助南岭瑶族地区经济发展；通过重点开发和规划民族地区乡村社区旅游业的发展，促进乡村旅游产业的重点开发与发展，形成良好的旅游产业经济，然后通过其外部性经济的带动作用推动其他产业与部门的发展。当经济发展到高级阶段，南岭瑶族社区经济各部门课题通过一定的协调维持稳定、全面增长时，即将迎来平衡经济增长。

二、乡村治理理论

20世纪初期，资本主义国家爆发了"世界经济大危机"，该危机影响到了整个资本主义世界，成了自由主义经济理论的消亡点。市场的失灵使得政府不得不"伸手"对市场进行调控和整改，自此，政府一直干预着市场的运作。但是由于政府的操纵不当，导致时常发生财政危机，公民逐渐对政府失去信心。发展至20世纪末期，西方的经济学家和政治学家在传统理论的基础上研究出了一种新的公共管理理论，即治理理论。在1989年世界银行发布的《撒哈拉以南非洲：从危机到可持续增长》报告中，首次使用"治理危机"一词来形容当时的混乱景象。"治理"自此开始被学者们使用，并逐步引用到了政治、管理等研究中去，其所代表的含义远超过了其传统的意义，并被广泛应用于经济、政治、社会等各个学科领域中去。

在全球治理委员会（1995）所发布的《我们的全球伙伴关系》中，对治理进行了界定，认为治理各种不同的主体管理其共同事务的各种模式的集合，是把彼此冲突或不同的利益加以调和并联合行动的持续过程。主要分为强制实施的制度和自愿遵守的规则两大类。持续到今日，该理论仍具有很大的影响力。星野昭吉将治理定义为个体与权利或社会之间管理共同事务的多种方式总和。格里·斯托克在《作为理论的治理：五个论点》一书中，将学术界对于治理的相关定义进行了归纳总结，并加以提炼，对治理的主体、权利、责任、过程和方式进行了界定。从以上发展中可看出，治理的概念的相关研究随着时间的迁移不断增多，其所涉及的范围越来越大，内涵也越发丰富。

乡村治理理论对于南岭瑶族乡村社区建设的理论指导意义主要包括以下两点：第一，以思想建设为重。从宏观层次来看，农村社区建设的根源问题为社会体制的改革；从微观角度来看，其根源问题在于农村社会原带的脆弱性。农村社区的建设在一定程度上可以消除农村的风险，弱化其脆弱性的影响。第二，以农民为主体的思想。人是社会发展的主体，在乡村治理理论中，应高度强调农民在乡村建设和发展中的主体地位。农村社区的建设必须立足于乡村当前的发展水平和资源状况，充分发挥农民在发展中的主体地位，大力完善乡村治理机制。

三、公共服务理论

"公共服务"理论的提出最早可追溯到 19 世纪中后期，该理论由瓦格纳（Adolf Wagner）提出。他认为政府应具有维护市场经济正常运转、加强社会文化和社会福利的相关职能。发展至 20 世纪初，著名的法国波尔多大学教授莱昂·狄骥（Leon Dugit）在前人的研究基础上把公共服务的概念及意义首次进行了系统论述。狄骥认为公务服务指的是政府义务范围内的行为的集合。所有必须由政府进行操控的、需要社会团体共同实现的活动都是公共服务。这种服务一般具有必须通过政府干预才能得到保障的特征。随着公共服务概念在政治学、行政学等研究领域的广泛应用，新的公共服务理论逐渐产生了。罗伯特·登哈特、珍妮·登哈特在其所著的《新公共服务》中认为，在把公共服务、民主治理和公民参与放在核心位置的治理过程中，公共行政发挥着服务的功能，而并非掌舵。新公共服务理论认为公共服务在管理主义和宪政主义中，应当将宪政主义置于首位，在此基础上再考虑其经济、效率和效益。

亚里士多德将国家视为是从家庭、村落一步一步发展成的社会共同体，而该过程是建立在人的"合群性"和"政治性"基础上的，并且认为所有社会团体的形成均是为实现某一事业。陈振明在《公共服务导论》中提到在具有中国特色的社会主义国家中，需建构有中国特色的公共服务理论。为完善其理论，应做到以下几点：首先，应当正确认识经济发展在公共服务中的作用。经济发展在很大程度上可以使得政府及相关部门的公共服务水平得以提高，经济发展是财政收入的保障，而财政收入是政府公共服务的基础。其次，应当注重其服务的范围。维护社会公平正义，实现共同服务是社会发展的本质属性，我国的城乡结构导致了公共服务出现分布不均衡的现象，城乡之间的公共服务水平差距大。再次，应当协调市场和公共服务间的相互作用。市场经济体制的完善一定程度上可提升政府公共服务水平，政府服务又可防止或弥补市场失灵，进而提高公共服务。最后，调整政府"单一供给"和"多中心供给"的关系。中国是一个地广人多的大国，政府应当在提供公共服务的过程中，充分调动企业和其他社会组织的积极性，使其参与到公共服务提供中来，发挥多主体作用进而提高公共服务水平。

第三节　南岭瑶族乡村旅游社区发展的保障机制

在南岭瑶族乡村旅游社区发展过程中，乡村旅游的发展可以带动乡村社区的发展，而乡村社区建设的发展反过来又会促进乡村旅游发展。

一、政策保障

政府引导，加强农村社区软硬环境建设。南岭瑶族乡村旅游社区因其地理位置相较于一线城市来说比较偏僻，因而经济发展水平较低，社区建设发展基础也比较薄弱。在南岭瑶族乡村旅游社区发展过程中，各地政府应用清晰明确的思路与有效的行动充分发挥积极带动作用，加强对有利于乡村旅游发展的软硬环境建设。软环境建设主要是指政府在促进南岭民族地区乡村旅游发展方面制定的优惠政策，比如在吸引年轻人回村发展上，政府可以制定鼓励、优惠政策，对回村发展的年轻人给予创业补贴和经济支持，以及政府对村庄外聘人才的奖励政策，从政策层面着手，才能创造一个具有激励性和较强吸引力的软环境；硬环境是指当地乡村的旅游基础设施，包括民族村寨的接待服务设施、交通条件，即村内外道路的保护与修建、停车场的建设、供电供水、排水系统等，为社区居民提供良好的人居环境，加强游客吃、住、行、游、购、娱各要素之间协调配套设施的建设，提高游客旅行体验的满意度。

二、制度保障

（一）建立社区居民参与旅游的相关制度保障

南岭瑶族乡村旅游社区中乡村旅游的发展必须有社区居民的参与才能实现，其最终目的是实现社区居民脱贫致富。然而，乡村旅游发展的利益相关者通常包括政府、企业、社区、居民等，他们之间有着错综复杂的关系，如何进行协调以及如何保证居民参与的最大利益，归根结底还是需要政府的宏观调控，制定相关社区居民参与旅游的制度与规定，具体主要包括在旅游发展过程涉及的一些土地征用制度、房屋拆迁制度，以及最终的利益分配制度，以此来保障社区居民的最大利益，才能提高他们的参与度。制度保障除了能确保社区居民在旅游中的角色扮演，实现居民的参与权利，也可以规范居民参与的行为及过程，从而实现社区居民有序参与乡村旅游。

（二）建立适应于社区乡村旅游从业居民的培训机制与教育体系

乡村旅游的发展要求社区参与的居民必须具备一定的旅游服务意识与技能，在这方面仅有政府的制度保障是远远不够的，还需要建立合理的培训机制，对居民开展相应的旅游服务技能与知识的培训。首先在知识教育方面，要注重对居民意识的培养，提高他们的旅游服务意识与社区参与意识，在与游客的接触过程中由被动的关系转变为主动的关系，这一点可由旅游协会等相关部门牵头实施；其次是要重视居民的技能培训，通过高质量的服务快速融入乡村旅游发展中，这一培训主体除了旅游协会，还可以是当地旅游企业等旅游管理部门，政府也可以牵头对村民进行培训，培训方式上可以外聘一些旅游服务技能功底扎实的专业技术人员到社区中对村民进行讲解，力求村民对游客的服务质量标准化和规范化；最后，通过培训要让居民认识到参与乡村旅游的条件、如何参与以及如何利用政府制定的政策更好地推动乡村旅游发展、如何从中获取最大的利益等问题，从而促使居民自觉地参与到旅游中。

三、理念保障

亟须树立正确的乡村旅游开发理念和目标。南岭瑶族乡村旅游社区发展乡村旅游，对于社区村委来说必须有旅游开发理念和目标，只注重眼前短期利益和一味追求旅游发展从长远来看都是不合理和不可采纳的。南岭瑶族乡村旅游社区必须树立将社区居民的利益放在首位、一切从社区收益出发的旅游发展观，重视社区参与社区建设，鼓励社区全民参与的观念、社区与旅游一体化发展的开发观念、注重社区资源合理利用与旅游可持续发展，目光长远且注重综合效益的规划观、强调营造乡村旅游环境，提供高质量旅游的服务观等理念，坚持通过完善的社区基础设施来提高村民生活水平，通过对南岭瑶族社区自然环境的保护与对人文环境、历史遗留等的原真性与完整性的保存，在增强村民文化自豪感的同时争取为游客提供健康养生、文化底蕴深厚的旅游体验，通过南岭瑶族社区产业结构的调整来实现乡村经济多样化发展，最终得到南岭瑶族社区经济、社会、文化、生态等可持续发展的目标。

四、资金保障

要发展南岭瑶族乡村旅游社区，需加大与之相关的各要素的投入。考虑到南岭瑶族乡村旅游社区的旅游资源和经济水平发展有限，要实现乡村旅游与新型农村社区建设之间的良好互动，政府必须投入相关要素以保证乡村旅游发展的效果。首先要做的就是对南岭瑶族乡村旅游社区基础设施建设的投入，因为这些仅靠当地企业的力量是远远不够的，除此之外政府还要对当地旅游发展公司实施一定的扶持计划，包括给予公司一定的补助。在这方面，政府可以说是以投资者的身份在保证乡村旅游得到更好的发展。

五、外力保障

（一）组建公司，加大对乡村旅游与社区建设发展的投入、经营与管理

南岭瑶族乡村旅游社区应组建旅游公司，重点抓投入、经营与管理。在南岭瑶族乡村旅游社区旅游发展方面，旅游发展公司能够用全局的眼光来看待村子的旅游资源，抓住南岭瑶族乡村旅游社区发展特色，开发出适应市场需求的旅游产品，并能够对社区未来的旅游发展做出合理的规划设计；在技术方面，无论是产品生产技术、营销技术还是技术人员，旅游公司都有着比较完备的技术体系与平台，相比当地村委会具有无法比拟的优势，比如针对社区住宿业和餐饮业门面的简陋、不美观

等问题，公司可以为社区的从业居民提供合理门面设计，做到吸引游客的第一步，总之，旅游发展公司能够给南岭瑶族乡村旅游社区的旅游发展提供很大程度的技术支持。可以说，旅游发展公司在南岭瑶族乡村旅游社区发展中起到保障作用。

（二）公司合理分配社区劳动力，调动居民参与旅游积极性

目前南岭瑶族乡村旅游社区的人口以老年人和儿童为主，年轻人因村中无法解决就业而大多外出打工的问题，社区旅游发展可以在一定程度上使这一问题得到缓解。旅游的发展离不开人才的参与和支持，在社区旅游发展中可以综合考虑社区劳动力的优劣势，并给予一些中老年人力所能及的工作岗位，另外，在一些技术岗位和其他岗位上，还可以吸引年轻劳动力的回流，这样既可以解决村中劳动力剩余和外流的问题，也有利于旅游公司管理人员与村寨居民之间建立良好的信任，同时也保证了旅游公司的正常运营。

六、利益保障

（一）建立各利益相关者之间的决策沟通机制

首先要建立社区村委与当地旅游发展公司、社区村委与居民之间良好的沟通渠道。旅游发展公司在旅游决策、旅游规划等重大事情上，要向社区村委进行通报与协商，经过双方论证、讨论来决定最终行动方案，必要时，社区村委可实行否决制度。与社区居民之间要形成重大决策要参考居民意见，及时与居民沟通，做好"下达"工作，减少与社区居民之间的误会，提高村民对社区村委的支持力度。

（二）建立社区旅游利益相关者合作机制

要建立南岭瑶族乡村旅游社区发展中各利益相关者关于乡村旅游发

展过程中的食、住、行、游、购、娱之间在所占比例和相互配合的合作机制。比如在对旅游项目进行开发的同时，开发商必须考虑到当地社区与居民所占的份额和股份，在确定比例如住宿、餐饮、购物方面，应首先考虑到当地居民，实行当地人优先的原则，在经营方面尽可能让居民实现自主经营、自负盈亏，将管理权交到居民手中，在处理意见分歧中，一定要倾听居民的意见，积极与居民进行交流沟通。

第四节　南岭瑶族乡村旅游社区发展建设的对策

为了推动南岭瑶族乡村旅游社区更好地发展，既要重视当地民族社区的建设与发展工作，也要重视当地乡村旅游产业的发展。南岭瑶族乡村旅游社区发展的工作要以经济结构调整为主导，以完善公共服务体系和社区治理作为外围发展路径，以保护与传承民族文化、重视农民教育及就业为内核发展路径，共同实现乡村旅游与新型农村社区建设协调发展，满足游客需求、丰富游客体验、提高游客的旅游品质的最终目标。

一、加大环境保护力度，建设美丽宜居乡村

在南岭瑶族乡村旅游社区发展全模型中，旅游发展促进培养村民良好卫生环境意识对生态环境路径影响系数最大，达到 0.87，其余的都在 0.68 ~ 0.77。村容整洁是新农村建设标准之一，村容村貌的新变化也能成为旅游吸引物，因此旅游发展既能强化社区居民保护环境意识，也能帮助打造宜居美丽乡村。南岭瑶族地区新型农村社区的绿水青山也将成为金山银山。

（一）卫生干净是基础

绿水青山是旅游吸引的重要组成物之一，村容整洁是新农村建设

标准的基本要求。要保证南岭瑶族地区乡村旅游社区卫生干净，需要注意两方面。一方面是重视人畜分离。因为在南岭瑶族地区，瑶族同胞已习惯了自给自足的生活，房前屋后饲养家畜家禽成为当地人生产、生活习惯。南岭瑶族乡村旅游社区居委会以及旅游相关管理部门，要加强对养殖户的开导与教育，帮助其认识到人畜分离的重要性，严格划分旅游区与人畜分离区，还居民和游客一个健康干净的村貌环境。另一方面是做好垃圾分类。南岭瑶族乡村旅游社区内垃圾处理要完善，则需做到对垃圾进行分类，提倡居民最大效用地进行资源重复利用，减少对土地的侵蚀，减少对环境的污染，提高南岭瑶族乡村旅游社区的品味和容貌。

（二）环保意识是关键

公众环保意识的提升将促使政府提高环境标准，完善与严格环境法规，也会促使人们改进自己的生活方式，特别是消费方式。南岭瑶族地区的社区居民和游客要维护良好的社区环境和乡村旅游目的地环境，关键是树立良好的公众环保意识。在南岭瑶族乡村旅游社区发展中，应广泛参与环境正常法规的制定，建立严格的《南岭瑶族地区环境保护制度》，对于破坏环境的行为要严惩严治，社区居民与游客作为保护环境质量的相关利益方，以自己为榜样重视对环境的保护，充分发挥旅游发展强化社区居民保护环境意识，助力打造宜居美丽乡村的重要作用。

二、完善公共服务体系，打造宜游瑶族社区

在南岭瑶族乡村旅游社区发展状况全模型中，建有信息网络或渠道普及生产技术、旅游知识及开展营销活动对公共服务路径影响系数最大，达到0.8，其余的都在0.76~0.77。因此，缩小城乡差距，健全公共服务体系，让农村社区居民享受到和城市居民相似的公共服务，是城镇化理念改造农村的重要表现之一，是新型农村社区建设的重要表征。

（一）扩大信息渠道，做好旅游产品营销

在网络经济时代背景下，南岭瑶族乡村旅游社区应重视村落旅游产品的生产技术、产品营销等方面，把互联网作为发展乡村旅游的重要推动力。在旅游产品生产技术方面，首先要关注到产品的"外在包装"，主要包括民宿、餐饮等相关产业的门面设计，以及当地特产的包装设计等，突出地域特色，注重"表面"功夫；其次，在产品的生产工序上，省区应与旅游发展公司合作，借助企业的生产设备来提升产品的技术含量，同时也提高产品生产效率，降低成本；最后，在产品营销方面，相关部门应加大对互联网的运用，充分利用淘宝、微信公众号、微博、相关网站等平台方便、快捷、传播速度快、范围广等优势，加强当地旅游产品的推广与销售，扩大知名度，用技术升级来克服旅游市场中的一些不利因素，从而稳固市场地位，发展当地的旅游经济。

（二）建立多功能社区服务中心，完善社区旅游服务功能

建设多功能的社区服务中心，满足村民与游客的多重需求。新型农村社区的建设离不开社区服务中心的建立，旅游的发展也少不了游客服务中心，将社区服务中心与游客服务中心两者结合为一，既能为社区居民提供周到全面的社区信息与服务，也能够为游客提供相关旅游信息与服务，提升游客在乡村旅游目的地的满意度。

（三）加强社区机构建设，多渠道维护公共设施运转

南岭瑶族乡村旅游社区旅游资源除了绿水青山，还有底蕴深厚的人文旅游资源，以古村落、古祠堂、古戏台、古街巷等古遗迹为主，因而在发展旅游的过程中更应重视对古遗迹的保护。南岭瑶族乡村旅游社区在维护过程中，应充分利用社区老人协会、水果协会、经济协会、旅游协会等社区机构，充分调动社区各类协会和机构的积极作用。

（四）做好人力资本培养，提升旅游农业相关技能

"农村经济社会发展说到底，关键在人。"习近平总书记强调了"农民"这个主体在经济社会发展中的重要性，因此，教育与就业是提升农民主体参与社会竞争、经济竞争能力的重要手段。南岭瑶族乡村旅游社区可持续发展需要高素质的社区居民和旅游人才，因此要加强对社区村民的职业技能培训。首先必须认识到技能培训的必要性与重要性，其次，要因地制宜、因人而异地在当地乡村旅游发展的基础上制订培训方案，出台统一的服务标准，通过外聘技术人员或者派代表外出学习等方式对村民进行有针对性的技能培训，满足居民的实际需求。最后，还应对培训效果进行监督，除了参考服务标准之外，还应实行动态管理，及时掌握村民接受培训内容的程度以及遇到的问题，最终实现当地旅游服务质量的提高，丰富游客体验。

（五）重视公厕建设，推进南岭瑶族旅游社区厕所革命

厕所是旅游公共服务水平高低的直接体现，提供干净卫生的厕所服务是游客在旅游地最基本的需求。南岭瑶族乡村旅游社区要发展好乡村旅游，提供干净的旅游厕所就是提升乡村旅游目的地旅游公共服务水平的基本前提。一方面，南岭瑶族乡村旅游社区应选择合适的区域进行公厕的修建，在数量上满足游客出门在外的需求；另一方面，还应委派清洁员对公厕进行定期打扫与清洁，保证公厕干净卫生、无异味。旅游公厕的建立既服务了游客，也增加了农村社区公共服务设施，是利民便民喜民的一项举措。

三、保护传承瑶族文化，凸显民族文化之美

在南岭瑶族乡村旅游社区发展影响全模型中，建有民族及当地文化展演舞台，促进村民及游客了解社区民族文化对民族文化路径影响系数最大，达到0.82，其余的都在0.78～0.80。

（一）设立民族文化展演舞台，大力推广民族文化传播

南岭瑶族乡村旅游社区历史悠久，传承着瑶族同胞丰富多彩的瑶族文化与民俗风情，当地社区居委会等相关部门应重视民族地区文化的保护与传播交流，可以设立专门的民族文化展演厅，并把当地民俗文化、节庆文化、特色资源等制作成影像作品在展厅内播放，进行宣传与介绍，加强民族文化交流、传播与发展；另外，在民族文化展演舞台方面，应"内外兼修"，既重视当地社区居民参与其中，定期定时开展民族文化的展演，也开发设计出参与性强的文化节目，吸引游客观看参与，增加游客的体验感知，提高游客的愉悦度和满意度，让民族文化通过展演形式在居民和游客中"活"起来。

（二）加大民族文化保护，凸显非物质文化魅力

民族文化是民族地区旅游吸引力的核心指标，旅游发展有助于民族地区新型农村社区居民重视文化，促进居民民族文化觉醒，有效实现民族文化的保护与传承。南岭瑶族乡村旅游社区覆盖湘、桂、粤三省交界之地，瑶族社区拥有诸多的民族文化遗产，有物质的和非物质的。尤其是非物质文化遗产，如千年瑶寨的龙文化、歌堂坪，勾蓝瑶寨的洗泥节，岑山村的竹编工艺与织布工艺，墩龙瑶寨的瑶族歌舞、长鼓舞，畔水村的舞狮、唱春牛，三水瑶寨的木狮舞，井头湾村的蝴蝶歌、婚嫁歌堂等，这些都是发展乡村旅游的优势条件所在，同时也构成了民族社区乡村旅游独特的魅力。政府相关部门应加强对民间非物质文化遗产的保护工作，鼓励村民，尤其是年轻村民积极、大胆地加入民族活动，成为民族活动的表演者，在活动中潜移默化地接受与传承非物质文化遗产，提高村民的文化自觉，此外，也可邀请社区中的文化传承人开座谈会，并对新一代非物质文化遗产传承人进行培训，树立村民保护民族文化与传承民族文化的意识，提高村民对民族文化的认同感与自豪感，向广大游客传递优秀瑶族文化，共建民族和谐家园。

四、乡村旅游经济发力，引领社区发展道路

在南岭瑶族乡村旅游社区发展影响状况全模型中，旅游发展能够增加村集体经济收入，为旅游发展提供经费支持对经济发展路径影响系数最大，达到 0.85，其余的都在 0.77 ~ 0.84。南岭瑶族乡村旅游社区要想发展得更好，就应充分利用"农业＋旅游""社区＋旅游"等方式调整农村社区经济结构，延长当地农业的产业链条，增加社区经济，增强经济自主权。

（一）凸显旅游经济发展作用，促进社区建设

南岭瑶族乡村旅游社区旅游的发展，适时地与城市居民的现代消费行为对接，带给社区空间更大的发展机会和更多的发展可能。南岭瑶族乡村旅游社区乡村旅游业的发展，离不开政府为社区乡村旅游发展定位；离不开旅游为社区发展带来更多的经济优势，为南岭瑶族社区集体经济夯实基础；离不开社区建设为旅游带来的愉悦体验，它们形成了一个良性的闭环，为乡村旅游经济增长，为乡村社区建设的完善发力。

（二）做好村民旅游增收，稳定社区居民

我国"三农"问题的核心是农民增收，南岭瑶族地区农民增收问题也是当地"三农"问题的重中之重。借助南岭瑶族地区瑶族同胞绵延几千年的世代相守的习惯、风俗、礼仪、观念形成的维持瑶族同胞生产和发展的文化，吸引着现代城市观光者，开发乡村旅游，以此激发南岭瑶族乡村旅游社区居民增收新动能，拓宽瑶族同胞旅游增收的渠道，促进瑶族同胞收入持续增长，使其成为解决瑶族同胞增收问题的有效措施之一。

（三）重视旅游就业岗位，合理善用劳力

南岭瑶族乡村旅游社区受制于交通、地理位置的影响，经济发展水

平相对较低，乡村旅游的发展，能够为社区居民提供就业岗位，满足村民的就业需求，实现村民足不出村就可以增加收入、解决经济压力和就业问题。社区出台激励政策和制度，鼓励农民提高职业技能和创收能力，既可加强社区人才队伍建设，提高劳动者的职业技能与素质，也要吸引大学生回村发展，共建美好家园。

（四）发展乡村电商经济，服务居民游客

在网络时代背景下，"互联网＋"的出现更有力地推动了电子商务平台的普及，"互联网＋农业""互联网＋旅游"的模式已经深入人心，电商经济已深入到旅游业。因此，南岭瑶族乡村旅游社区乡村旅游发展过程中，应充分利用"互联网＋"的思维，在社区中增设电子商务服务站点，提高农村物流水平，培育具有南岭瑶族特色的旅游线路、手工艺品和土特产品牌，最大限度地满足居民及游客的生产、生活的需求。

（五）鼓励村民参与旅游开发，多方提供便利

南岭瑶族乡村旅游社区乡村旅游的发展离不开社区居民的参与。居民参与乡村旅游不仅能够提高自身的经济收入，也能够对社区建设起到促进作用。因此，社区居委会要发挥乡村旅游模范经营户的作用，鼓励有实力、有能力的居民参与到旅游发展中，鼓励有意愿的居民参与到乡村旅游开发中，从思想层面激发村民的主动性。要从政府层面引导乡村旅游发展的方向，从技术层面加强旅游服务技能的培训，从操作层面带动旅游服务的开展，多方面提高居民参与旅游的便利条件。

（六）发挥旅游合作组织作用，打造旅游精品

应充分发挥旅游公司、旅游开发合作社等乡村旅游合作组织在管理能力、经济实力、技术基础的优势，助力南岭瑶族乡村旅游社区建设与乡村旅游发展。应借助乡村旅游合作组织招商引资，共同举办乡村旅游股份制企业，推行"政府主导，农民主力，企业投资"的乡村旅游发展模式，规避乡村旅游的"飞地"效应。乡村旅游合作组织应打造瑶

族社区精品旅游线路和旅游产品，实现乡村旅游促进南岭瑶族乡村旅游社区建设与发展，乡村旅游促进社区居民致富，最终实现社区建设与旅游发展双赢效果。

五、加强旅游社区治理，共建瑶族和谐社区

在南岭瑶族乡村旅游社区发展影响状况全模型中，社区居民民风淳朴，居民与游客关系和谐，构建民族和谐社区与村民法制意识强，为村民及游客营造安全环境对社区治理路径影响系数分别达到 0.86 和 0.83。和谐、安全、文明的南岭瑶族乡村旅游社区是乡村旅游发展的基础，旅游发展也为南岭瑶族乡村旅游社区治理提供了外力支持，推进了社区治理的专业化、社会化和协同化。

（一）亲民、爱民，共建瑶族和谐旅游社区

南岭瑶族乡村旅游社区发展乡村旅游，终极目标是构建民族和谐旅游社区，需要借助多元开发主体共同治理，实际也是着重于利益的协调。在南岭瑶族乡村旅游社区中，要在地方政府、社区机构、社区旅游合作组织、社区居民、开发业主等多元主体下实现乡村旅游开发的协调发展，构建"政府主导、社区共管、业主开发、居民参与、职能分工"的多元共治的新型管理模式，就要做好利益合理分配，就要充分协调好各方利益理顺各利益相关者的管理关系，才能实现民族和谐旅游社区的建设，如图 6-2 所示。无论是社区居民、游客、相关工作人员，只有秉承亲民、爱民的思想，推进"村民自治"的同时发挥社区居委会应有的作用与功能，严格履行自己的职责，实行党务、村务、财务公示公开制度，才能提高村民对社区的认同感，提高村民对社区工作的支持力度，才能提高游客对社区旅游的满意度，才能提高社区相关利益者对社区管理的认可，才能建成南岭瑶族和谐民族社区。

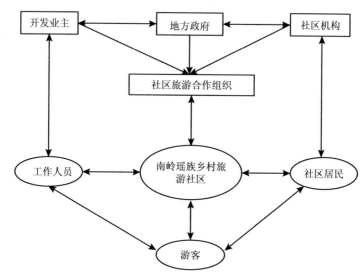

图 6 – 2 南岭瑶族乡村旅游社区管理模式

注：A→B 代表 A 是 B 的组成元素，A↔B 代表 A 与 B 相互作用。

（二）学法、用法，构建安全文明旅游社区

南岭瑶族安全文明旅游社区，不仅仅是治安秩序稳定、社会风气良好、环境整洁优美、群众互帮互助的安全文明社区，也不仅仅是在南岭瑶族基层社区范围内，由乡镇党委和政府统一领导，街道、乡镇综合治理委员会组织，以公安派出所为骨干，以居民（村民）委员会为基础合作共建的，更是由乡村旅游者（即乡村旅游主体）安全、乡村旅游资源和乡村社区（即乡村旅游客体）安全、乡村旅游媒体安全（即乡村旅游从业者安全和乡村旅游交通安全）等多方影响因素共同组成的。需要社区各组成机构、组成部门、社区居民、游客学好相关法规制度、用好法规制度，守好相关法规制度，将各项安全相关风险控制在乡村旅游主体可容忍的限度之内，为构建南岭瑶族安全文明旅游社区、服务社区、服务旅游提供法制环境保障。

第七章

结论与展望

第一节 研究结论

一、南岭瑶族乡村旅游社区发展潜力巨大

(一) 南岭瑶族乡村社区具有强大的乡村旅游吸引力

研究通过对南岭瑶族地区中的中国少数民族特色村寨和乡村旅游社区的典型示范点,诸如广西桂林市恭城红岩村、广东歌清远连南墩龙瑶寨、湖南省永州市江华井头湾村、广西桂林恭城北洞源村等共计 12 个瑶族村落的调研,发现南岭瑶族村落承载的优良的生态环境、瑶族智慧的聚落景观、朴素的乡村生活、独特的瑶族风俗,都彰显了瑶族地方特色,是瑶族的活化史书,是瑶族生产智慧的展现,是对乡愁记忆的有效载体,是乡村旅游发展的沃土。乡村旅游的发展也有利于新型农村农民服务意识、生态保护意识、经济发展意识、民族文化保护意识、社区治理意识的提高,社区建设的成果也能成为乡村旅游的吸引力。

（二）社区居民参与旅游发展意愿强烈

研究过程中访谈了601位瑶族社区的居民，同时也发现瑶族同胞建新房、住新屋的愿望非常强烈，尤其是"享服务"（社区公共服务）的需求越来越旺盛，与新型农村社区建设的目标一致；尤其是南岭瑶族同胞认同乡村旅游发展对改善瑶族社区经济结构、增加农民收入的作用，他们愿意参与到乡村旅游开发中。

（三）主客互动推进南岭瑶族乡村旅游社区发展

研究通过对508位游客的调研问卷，发现游客不仅对瑶族乡村旅游社区的自然风光、瑶族风情风俗，还对乡村旅游社区建设成果心生向往，这些均成为乡村旅游可持续发展的拉力。南岭瑶族村落乡村旅游的发展势必吸引更多的游客，社区居民也更加重视乡村旅游社区发展，社区发展成为乡村旅游发展的推力。

二、南岭瑶族乡村旅游社区发展影响指标构建有效

（一）构建南岭瑶族乡村旅游社区发展影响指标体系有序

经过文献研究，在南岭瑶族乡村旅游社区发展影响中，瑶族社区基础设施、社区生态环境、社区公共服务设施、社区民族文化保护与传承、社区经济发展、社区治理等方面，成为社区居民和游客共同关注的新型农村社区建设的指标。在广泛收集资料和实地调查研究的基础上，构建了一个由6个一级指标，36个二级指标组成的乡村旅游背景下新型农村社区建设指标体系，邀请将近30位专家进行打分，运用熵值计算出权重，继而从居民和游客两个维度展开调研。

（二）验证南岭瑶族乡村旅游社区发展影响因素有效

作者通过对广东连南南岗千年瑶寨、连南墩龙瑶寨、湖南永州江永

勾蓝瑶寨、江华井头湾村、广西富川岔山村、恭城红岩村等 12 个南岭瑶族社区开展乡村旅游社区发展影响因素的调研，通过对社区居民和游客开展了 1 100 余份调查问卷，通过信度与效度的检验，问卷分析显示社区居民与游客对南岭瑶族社区乡村旅游和社区建设成果的总体的满意度较高，都在 7 分以上，但是南岭瑶族地区因不同地域、发展产业态势区别、发展的阶段不同、发展优势不一，游客与社区居民对南岭瑶族乡村旅游社区的基础设施、生态环境、公共服务设施、民族文化保护与传承、社区经济、社区治理等指标的认识不一，均值主要在 6～7 分，均值相差 1～2 分，进而以交叉分析来判断调研对象的性别、年龄、职业、学历和税后月收入对问卷各一级指标的影响程度，再通过分析其中存在的不足，最后有针对性地结合每个案例点的情况提出具体的南岭乡村旅游社区发展的有效对策。

（三）确定南岭瑶族乡村旅游社区发展影响的影响路径

结果表明：首先，所构建的南岭瑶族乡村旅游社区发展影响的模型具有跨样本一致性特征，显示了模型有较强解释力，具有较高的可信性、内部一致性、内敛效度与判别效度，适合做探索性分析。其次，运用了探索性因子分析，利用主成分分析法，经过多次探索性因子分析后，提取 6 个因子，旋转后其累计解释方差为 71.73%，得到基础建设、生态环境、公共服务、民族文化、社区经济、社区治理的因子，得到 25 个变量。再次，运用验证性分析探讨这 6 个因子趋势、相关子项构成和耦合程度。这 6 个因子通过了内部一致性信度检验，在验证性分析过程中，该模型拟合效果很好，探索性因子结构得到很好的验证。最后，根据前人研究结果和实际调研经验，提出了社区基础设施、生态环境、公共服务、民族文化、社区经济、社区治理与南岭瑶族乡村旅游社区发展影响呈正相关关系的假设，构建了结构方程模型，运行结果显示南岭瑶族乡村旅游社区发展的成果对乡村旅游社区建设满意度和乡村旅游满意的的影响路径分别为 0.79 和 0.93，而建设指标中的基础设施没有通过显著性检验，假设不成立；建设指标中生态环境、民族文化、社区经济与南岭瑶族乡村旅游社区发展影响呈正相关关系，影响路径分别为0.18、0.46、0.69；建设指标中公共服务、社区治理与南岭瑶族乡村旅游社区发展影响呈负相关关系，影响路径分别是 - 0.39 和 - 0.34。实证研究也表明，游客和社区居民对各案例地乡村旅游与社区建设的满意度总体来说得分较高（均值都在7分左右，满分是9分），既是对新生活的向往，也是对目前乡村旅游对社区建设的经济发展、文化保护、生态环境保护都持认可的态度；同时，随着乡村旅游带动的游客与社区居民交流增多、互联网信息传播的迅速，城市游客和农村居民对社区公共服务和社区治理的要求相对要高，但是目前调研结果显示其为发展短板，提醒了南岭瑶族乡村旅游社区建设者需投入更多的资金，给予更多的政策倾斜帮助南岭瑶族乡村旅游社区公共服务与社区治理方面的建设。

三、提出南岭瑶族乡村旅游社区发展的保障机制及实现路径

（一）探寻南岭瑶族乡村旅游社区发展的保障机制

南岭瑶族乡村旅游社区发展的保障机制研究主要从政府、企业和社区三个方面提出，建立六大保障体系：政策保障、制度保障、理念保障、资金保障、外力保障、利益保障。重点强调建立适用于社区乡村旅游从业居民的培训机制与教育体系、组建公司加大对乡村旅游与社区建设发展的投入经营与管理、建立各利益相关者之间的决策沟通机制，建立社区旅游利益相关者合作机制，保障乡村旅游的发展和新型农村社区的建设。

（二）明确南岭瑶族乡村旅游社区的发展路径

根据 SEM 结构方程模型的研究结果，提出五大乡村旅游与南岭瑶族乡村旅游社区发展路径：一是加大环境保护力度，树立美丽宜居乡村环保意识；二是完善公共服务体系，打造宜游瑶族社区；三是保护传承

瑶族文化，凸显民族文化之美；四是乡村旅游经济发力，引领社区发展道路；五是加强社区治理，共建民族和谐、安全文明旅游社区。

第二节　研究不足与展望

一、研究不足

（一）乡村旅游对南岭瑶族乡村旅游社区的影响研究不够深入

由于乡村旅游的综合性与复杂性，本书在研究推进过程中把重心放在了南岭瑶族乡村旅游社区发展中乡村旅游与社区发展的关系和南岭瑶族乡村旅游社区发展的模式与路径上，而对南岭瑶族乡村旅游社区发展影响的广度、深度把握不足，只是基于全局的角度进行了定性分析和选取了 12 个瑶族村落进行实证定量分析；南岭瑶族乡村旅游社区发展影响的机理、过程虽有阐述，但在理论性、系统性、科学性方面仍有欠缺。

（二）实证案例地动态变化关注不足

基于研究经费限制、调研便利性、资料获取难度和前期研究基础等综合考虑，在实证案例研究方面，随着社会经济发展，案例地的变化发展较快，但是案例地的调研大部分是一次完成的，存在案例地研究系统化程度不够、动态变化关注不足等相关问题。

二、研究展望

纵观本书，作者以实地调研数据为基础，全面反映了当前南岭瑶族地区乡村旅游社区建设与发展中的现状和发展的困境，并采取多种处理方法和理论，初步构建了一个在乡村旅游发展下多维建设南岭瑶族乡村旅游社区的指标体系，丰富和发展了南岭瑶族乡村旅游社区发展的理论，为我国美丽乡村与乡村旅游社区建设的进一步发展、乡村旅游产业的进一步提高奠定了理论基础。本书的结论和诸多案例可以为其他民族地区乡村旅游社区建设、乡村旅游产业健康、可持续发展、美丽乡村建设提供有益的借鉴。本书在以下几方面有待后续深入研究。

（一）探索与瑶族生态智慧融合的南岭瑶族乡村旅游社区基础设施的发展路径

充分利用瑶族生态智慧中整体性、系统性、协调性、循环性、包容性等特点，研究新时代文化保护与传承境域下新型农村社区基础设施与公共服务设施的建设标准，改造新型农村社区建设风貌，提升瑶族乡村旅游社区公共服务的水平，破解瑶族文化特色丧失难题，探索融合传统与现代、具有文化适应性和技术适宜性的瑶族乡村旅游社区建设与发展技术要求，传承与创新瑶族文化的生态智慧，并运用于南岭瑶族乡村旅游社区发展的实践。

（二）应用 GIS 技术与南岭瑶族乡村旅游社区文化空间保护与传承的研究

利用 GIS 技术整理瑶族文化资源，建立新型农村社区瑶族文化空间时空数据库管理信息系统，对瑶族文化数据进行有效的存储、检索和利用，强化空间维护和动态监测。利用 GIS 研究视角，提供数字化时代瑶族文化保护与发展的有效途径。

（三）强化南岭瑶族乡村旅游社区公共服务多维供给的研究

系统研究国内外农村社区公共服务供给相关理论与实践，基于民族社区居民与游客对公共服务的感知状况，对南岭瑶族乡村旅游社区公共服务的需求进行深入调查分析，从理论和实践层面提出供给模式、供给主体、供给内容、供给机制的现状与建设掣肘，提出南岭瑶族乡村旅游社区公共服务多维供给目标和对策，结合瑶族地方特色，破解南岭瑶族乡村旅游社区发展困境，促进乡村振兴。

参 考 文 献

［1］［美］艾伯特·赫希曼．经济发展战略［M］．北京：经济科学出版社，1991．

［2］安虎森．新区域经济学［M］.3 版．大连：东北财经大学出版社，2015．

［3］保继刚，徐红罡，Alan A. Lew．社区旅游与边境旅游"社区旅游与边境旅游国际研讨会 西双版纳"会议论文集［M］．北京：中国旅游出版社，2006．

［4］北京市旅游业培训考试中心．北京京郊旅游发展实践［M］．北京：旅游教育出版社，2013．

［5］北京市旅游业培训考试中心．乡村旅游行业管理［M］．北京：旅游教育出版社，2014．

［6］毕丽芳．民族文化旅游发展路径与开发模式研究以大理、丽江为例［M］．昆明：云南大学出版社，2015．

［7］博雅旅游分享网．富川瑶族自治县十大旅游景点［EB/OL］．http：//www. bytravel. cn/view/top10/index2250. html，2019－2－17．

［8］蔡军，文华相，潘远智．四川乡村景观灾后重建规划的社区参与机制及保障措施探析［J］．北方园艺，2010（22）：209－211．

［9］蔡文．渠道关系治理方式对农户行为影响机理研究 基于农户与龙头企业间关系的视角［M］．上海：上海财经大学出版社，2011．

［10］藏励和．新体中国地理［M］．商务印书馆，1913．

［11］曹雪，武玉艳．溱潼乡村旅游可持续发展评价［J］．国土与自然资源研究，2009（2）：77－78．

［12］陈倩，邓敏．基于共生理论的传统村落保护与旅游开发——以恭城红岩村为例［J］．市场周刊，2020（2）：54－65．

［13］陈希镇．现代统计分析方法的理论和应用［M］．北京：国防工业出版社，2016．

［14］陈振明．公共服务导论［M］．北京：北京大学出版社，2011．

［15］崔晓明．基于可持续生计框架的秦巴山区旅游与社区协同发展研究［C］．西北大学，2018．

［16］邓敏．民族地区乡村旅游发展研究［D］．广西师范大学，2007．

［17］邓敏．南岭瑶族地区乡村旅游开发研究［J］．广西农学报，2013，28（3）：81－84．

［18］邓永进．民族旅游研究［M］．天津：南开大学出版社，2009．

［19］董阿丹，吴郭泉．社区参与生态旅游的影响因素及保障机制研究［J］．嘉兴学院学报，2008（1）：39－89．

［20］杜成功．领导干部和公务员科学素质教育读本［M］．石家庄：河北科学技术出版社，2016．

［21］杜宗斌，苏勤．乡村旅游的社区参与、居民旅游影响感知与社区归属感的关系研究——以浙江安吉乡村旅游地为例［J］．旅游学刊，2011，26（11）：65－70．

［22］［法］莱昂·狄骥．公法的变迁［M］．北京：商务印书馆，2003．

［23］范姗姗，姚维玲．新型农村社区发展状况综合评价指标体系构建［J］．合作经济与科技，2018（9）：163－165．

［24］冯淑华，沙润．乡村旅游的乡村性测评模型——以江西婺源为例［J］．地理研究，2007（3）：616－624．

［25］冯智明．南岭民族走廊传统村落的多维空间实践及其演化——以瑶族传统村落为例［J］．西南民族大学学报（人文社科版），2018，39（10）：36－41．

［26］福溪宋寨．福溪古寨文化历史［EB/OL］．http：//www．fuxiguzhai. com/guide/history. html，2019 - 2 - 17.

[27] 高宁泽. 转型期农村社会治理创新研究 [D]. 郑州大学，2014.

[28] 高书云. 民族村寨旅游对肇兴侗寨的影响及其对策研究 [J]. 旅游纵览（下半月），2015（4）：129 - 130.

[29] 苟颖萍，任鹏，李建明. 国外发达国家农民培育经验及启示 [J]. 社科纵横，2013，28（1）：35 - 38.

[30] 谷显明，张美花. 南岭走廊瑶族文化旅游资源开发探析 [J]. 湖南科技学院学报，2016，37（2）：119 - 122.

[31] 广西壮族自治区住房和城乡建设厅. 广西特色民居风格研究（上）[M]. 南宁：广西人民出版社，2015.

[32] 贵州省环境保护局，贵州省环境科学学会. 环境保护知识 [M]. 贵阳：贵州人民出版社，1983.

[33] 郭华. 增权理论视角下的乡村旅游社区发展——以江西婺源李坑村为例 [J]. 农村经济，2012（3）：47 - 51.

[34] 郭进辉，张庆，祁少华，肖方利，王淋辉. 基于 SEM 的社区参与美丽乡村建设驱动力机制分析 [J]. 武夷学院学报，2017，36（8）：45 - 51.

[35] 国务院扶贫开发领导小组办公室. 广西富川瑶族自治县岔山村脱贫攻进事迹 [EB/OL]. http：//www. cpad. gov. cn/art/2017/8/14/art_5_67336. html，2017 - 8 - 14.

[36] 国务院. 国务院关于印发全民健身计划（2016—2020 年）的通知 [EB/OL]. http：//www. gov. cn/zhengce/content/2016 - 06/23/content_5084564. htm，2016 - 06 - 23.

[37] 海天理财. 一本书读懂大数据商业营销 [M]. 北京：清华大学出版社，2015.

[38] 韩芳. 新型农村社区建设与管理研究 [M]. 北京：知识产权出版社，2017.

[39] 何成军，李晓琴，银元. 休闲农业与美丽乡村耦合度评价指

标体系构建及应用［J］. 地域研究与开发，2016，35（5）：158－162.

［40］何忠伟，陈艳芬，罗红. 低碳经济背景下北京乡村旅游转型升级研究［M］. 北京：中国农业出版社，2015.

［41］贺祥，贺银花，蔡运龙. 旅游活动对民族文化村寨影响效应的研究——以贵州省西江苗寨为例［J］. 凯里学院学报，2013，31（2）：79－84.

［42］［德］赫尔曼·哈肯. 协同学大自然构成的奥秘［M］. 凌复华，译. 上海：上海译文出版社.

［43］洪向华. 五大理念引领中国［M］. 北京：红旗出版社，2016.

［44］侯杰泰，温忠麟，成子娟. 结构方程模型及其应用［M］. 北京：教育科学出版社，2004.

［45］侯玉霞，冀欢欢，代涵奕. 南岭走廊社区主导型民族村寨旅游扶贫模式探索——以勾蓝瑶寨为例［J］. 民族论坛，2020（1）：80－85.

［46］侯玉霞，王美钰. 南岭走廊民族村寨民宿开发研究——以湖南省勾蓝瑶寨为例［J］. 民族论坛，2018（397）：90－96.

［47］侯玉霞，赵映雪. 文化自觉视角下非物质文化遗产产业化与乡村振兴研究——以勾蓝瑶寨"洗泥宴"为例［J］. 广西民族研究，2018（6）：140－147.

［48］湖南文物考古研究所. 勾蓝瑶寨申报第八批国保工作简报［EB/OL］. http：//www. hnkgs. com/show_news. aspx？id＝1973，2019－2－11.

［49］黄纯. 产业集群风险传导与扩散及其治理机制研究［M］. 杭州：浙江大学出版社，2016.

［50］黄恩厚. 壮侗民族传统建筑研究［M］. 南宁：广西人民出版社，2008.

［51］黄方毅. "发展战略"概念考察［J］. 经济研究，1982（07）：32－53.

［52］黄现璠，黄增庆，张一民. 壮族通史［M］. 南宁：广西民族出版社，1988.

[53] 贾昌荣. 金牌店长的营销经 [M]. 北京：中国电力出版社，2014.

[54] 贾明德，等. 社会变迁中的治民与民治：中国农村民主制度建设研究 [M]. 西安：西北大学出版社，2003.

[55] 姜裕富. 村规民约的效力：道德压制，抑或法律威慑 [J]. 青岛农业大学学报（社会科学版），2010，22（1）：62－66.

[56] 蒋春燕，冯学钢，汪德根. 乡村旅游发展潜力评价指标体系与模型研究 [J]. 旅游论坛，2009，2（2）：234－237.

[57] 蒋满元. 基于区域扶贫开发视野的乡村旅游可持续发展问题研究 [M]. 长沙：中南大学出版社，2016.

[58] 杰茜卡·安德森·特纳. 旅游景点的文化表演之研究 [J]. 杨利慧，译. 民族艺术，2004（01）：6－17.

[59] 金佳佳，米传民，徐伟宣，汪群峰，魏亨武. 考虑专家判断信息的灰色关联极大熵权重模型 [J]. 中国管理科学，2012，20（2）：135－143.

[60] 金麦奖组委会. 制胜营销：2015 金麦奖营销案例精粹 [M]. 北京：红旗出版社，2016.

[61] 靳娟. 管理类学术论文写作概论 [M]. 北京：北京邮电大学出版社，2017.

[62] 经济日报—中国经济网记者童政. 广西富川瑶族自治县岔山村：古道新村成美景 [EB/OL]. http：//k. sina. com. cn/article_166361 2603_6328b6bb020004e2r. html，2018－1－15.

[63] [美] 科恩. 论民主 [M]. 聂崇信，朱秀贤，译. 北京：商务印书馆，1988.

[64] 孔斌. 场景营销：互联时代企业制胜的方法＋应用＋实践 [M]. 北京：中国铁道出版社，2016.

[65] 黎平. 试论山区旅游的社区参与 [J]. 林业经济问题，2005（3）：185－188.

[66] 李慧凤，邱红. 北京区域经济发展与职业教育 [M]. 北京：

中国财富出版社，2016.

[67] 李健．中原经济区新型农村社区建设水平评价研究 [D]．河北工程大学，2014.

[68] 李农妹，赵飞，何冰．南岭走廊"互联网＋民族特产"研究——以永州市江永县为例 [J]．民族论坛，2017，No. 392：73－77.

[69] 李秋成，周玲强，范莉娜．社区人际关系、人地关系对居民旅游支持度的影响——基于两个民族旅游村寨样本的实证研究 [J]．商业经济与管理，2015（3）：75－84.

[70] 李玉新．基于和谐发展的乡村旅游社区参与研究 [J]．社会科学家，2008（8）：99－101.

[71] 梁樑，等．数据、模型与决策　管理科学的数学基础 [M]．北京：机械工业出版社，2017.

[72] 凌翔，柳肃．以永州井头湾村为例浅谈湘南地区传统民居 [D]．武汉理工大学出版社，2016.

[73] 凌翔．湘南地区传统村落水系与建筑格局关系 [C]．湖南大学，2017.

[74] 刘范一．中国农民工经济状况及制度改进 [M]．北京：经济管理出版社，2012.

[75] 刘军宁．民主与民主化 [M]．北京：商务印书馆，1999.

[76] 刘少华，朱致敬．作为一种治理新模式的政策网络 [J]．成都行政学院学报，2010（4）：68.

[77] 刘卫平．南岭瑶族特色村寨的发展困境及振兴策略——基于郴州、永州瑶族特色村寨的田野调查 [J]．湘南学院学报，2019，40（6）：1－6.

[78] 刘焱，阮静．村镇规划与环境整治 [M]．哈尔滨：哈尔滨工程大学出版社，2010.

[79] 刘德忠．社会资本视角下的农村经济精英 [J]．华中师范大学学报（人文社会科学版），2007（4）：23－29.

[80] 柳肃．湘西民居 [M]．北京：中国建筑工业出版社，2008.

［81］柳延东.南岭少数民族地区基础教育均衡发展策略探析——以广西贺州为例［J］.社会科学家，2012（5）：155－158.

［82］罗归国.关于发展战略概念的科学界定［J］.西安石油学院学报（社会科学版），1999：75－78.

［83］罗景峰.乡村旅游安全影响因素辨识研究［J］.安徽农业大学学报（社会科学版），2016，25（4）：30－34.

［84］罗永常.民族村寨社区参与旅游开发的利益保障机制［J］.旅游学刊，2006（10）：45－48.

［85］马宗帅，黄桂林.新型农村社区可行性建设的多层次灰色评价［J］.土木工程与管理学报，2016，33（3）：99－105.

［86］毛程连.西方财政思想史［M］.北京：经济科学出版社，2003.

［87］莫莉秋.海南省乡村旅游资源可持续发展评价指标体系构建［J］.中国农业资源与区划，2017，38（6）：170－177.

［88］欧阳卓飞.市场营销调研［M］.3版.北京：清华大学出版社，2015.

［89］潘剑.农村和谐社区建设评价指标体系研究［D］.华中师范大学，2012.

［90］盘小梅，汪鲸.边界与纽带：社区、家园遗产与少数民族特色村寨保护与发展——以广东连南南岗千年瑶寨为例［J］.广西民族研究，2017（2）：111－117.

［91］庞娟，何元庆，孙金岭，何则.民族地区居民旅游发展态度及资源保护行为影响因素研究［J］.贵州财经大学学报，2018（3）：102－110.

［92］庞娟.新型农村社区治理满意度的影响因素分析——以广西农村社区为样本［J］.广西社会科学，2017（4）：21－25.

［93］彭惠军，黄翅勤，陈胤好.基于游客感知价值的少数民族村寨非物质文化遗产保护性旅游开发研究——以湖南江永勾蓝瑶寨为例［J］.衡阳师范学院学报，2016，37（211）：113－116.

［94］彭璟，项玉枝．旅游资源概论［M］．北京：北京理工大学出版社，2016．

［95］彭兆荣．旅游人类学视野下的"乡村旅游"［J］．广西民族学院学报（哲学社会科学版），2005（4）：2－7．

［96］邱云美．民族文化旅游发展对村寨的影响研究——以景宁大均村和泉坑村为例［J］．丽水学院学报，2016，38（6）：22－29．

［97］阙春萍，周毕芬．农业人口转移背景下乡村精英流失的影响及对策［J］．广西社会科学，2018（3）：157－160．

［98］尚清芳．旅游供给侧改革背景下乡村旅游从业者职业培训研究——以甘肃省陇南市为例［J］．兰州文理学院学报（社会科学版），2017，33（119）：58－63．

［99］邵辉．系统安全工程［M］．2版．北京：石油工业出版社，2016．

［100］沈大庆．数学建模［M］．北京：国防工业出版社，2016．

［101］石全，等．系统决策与建模［M］．北京：国防工业出版社，2016．

［102］石艳萍．以"普及化"促进"现代化"永州市少数民族地区普及科学发展观的主要做法［J］．新湘评论，2013，No.109：59－60．

［103］史春云，张捷，张宏磊，杨旸．旅游学结构方程模型应用研究综述［J］．资源开发与市场，2008（1）：63－66．

［104］孙红梅．我国环保产业投入绩效与发展研究报告［M］．上海：上海财经大学出版社，2016．

［105］孙诗靓，马波．旅游社区研究的若干基本问题［J］．旅游科学，2007（2）：29－32．

［106］覃彩銮，俸代瑜．中国西南民族研究学会建会30周年精选学术文库——广西卷［M］．北京：民族出版社，2018．

［107］唐顺铁．旅游目的地的社区化及社区旅游研究［J］．地理研究，1998（2）：34－38．

［108］唐卫．重庆市大学生创业政策优化策略研究［D］．西南大

学，2018.

　　［109］唐小翠. 农村社区信息服务公众满意度测评研究［D］. 湘潭大学，2013.

　　［110］唐晓云，赵黎明. 农村社区生态旅游发展分析——基于利益相关者理论［J］. 西北农林科技大学学报（社会科学版），2006（2）：93－97.

　　［111］滕明兰. 新型农村社区"五位一体"建设评价指标体系构建［J］. 广西财经学院学报，2015，28（5）：90－100.

　　［112］童玲，陈光. 被测量信息熵、测量误差熵及其关系［J］. 仪器仪表学报，2004（S1）：821－823.

　　［113］涂同明，涂俊一，杜凤珍. 乡村旅游电子商务［M］. 武汉：湖北科学技术出版社，2011.

　　［114］万崇华，许传志. 调查研究方法与分析新编［M］. 北京：中国统计出版社，2016.

　　［115］王德刚. 旅游学概论［M］. 北京：清华大学出版社，2012.

　　［116］王红阳，杜丹. 社区服务［M］. 北京：机械工业出版社，2013.

　　［117］王浪. 民族社区参与旅游发展的动力机制研究［D］. 湘潭大学，2008.

　　［118］王林. 景观村落旅游与社区参与［M］. 北京：中国旅游出版社，2014.

　　［119］王琼英. 乡村旅游的社区参与模型及保障机制［J］. 农村经济，2006（11）：85－88.

　　［120］王绍飞. 市场调查与分析［M］. 北京：中国农业大学出版社，2013.

　　［121］王声跃，王龚. 乡村地理学［M］. 昆明：云南大学出版社，2015.

　　［122］王松涛. 探索性因子分析与验证性因子分析比较研究［J］. 兰州学刊，2006（5）：155－156.

[123] 王元林. 费孝通与南岭民族走廊研究 [J]. 广西民族研究，2006（4）：109 – 116.

[124] 文紫湘. 田园将芜，乡愁何处安放——永州古村落掠影 [J]. 中国三峡，2017（246）：12，78 – 103.

[125] 吴娇. 基于符号学的乡村旅游真实性感知研究 [D]. 南京师范大学，2015.

[126] 吴明隆. 结构方程模型 Amos 实务进阶 [M]. 重庆：重庆大学出版社，2013.

[127] 吴明隆. 问卷统计分析实务 SPSS 操作与应用 [M]. 重庆：重庆大学出版社，2013.

[128] 吴忠军，邓鸥. 南岭民族走廊贫困现状与扶贫开发研究 [J]. 广西民族研究，2014（6）：136 – 146.

[129] 谢永康. 整合与统筹：宁波社会主义新农村建设的理论与实践 [M]. 杭州：浙江人民出版社，2007.

[130] 谢正峰，谢雅婷. 乡村旅游对村域经济发展的影响研究——以广东省梅州市长教村为例 [J]. 湖北农业科学，2018，57（610）：128 – 132.

[131] [日] 星野昭吉. 全球政治学　全球化进程中的变动、冲突、治理与和平 [M]. 刘小林，张胜军，译. 北京：新华出版社，2000.

[132] 熊剑平，刘承良，余瑞林，等. 都市圈空间成长的结构性机理 [M]. 北京：中国经济出版社，2015.

[133] 徐丹. 社会组织参与美国社区治理与经验与启示 [M]. 北京：中国经济出版社，2016.

[134] 徐海荣. 中国饮食史 – 卷 6 [M]. 北京：华夏出版社，1999.

[135] 徐世霞. 瞿昙寺花儿会文化空间研究 [D]. 青海师范大学，2018.

[136] 许秋红，单纬东. 异质性活文化资源战略与竞争优势——以千年瑶寨为例 [J]. 管理案例研究与评论，2012，5（3）：213 – 221.

[137] 闫笑非，杨阳，赵春燕. 基于修正 AHP 的社区建设评价指

标体系研究［J］. 科技和产业，2015，15（5）：47－51.

［138］严陆根. 社区金融学［M］. 北京：中国发展出版社，2014.

［139］颜安. 旅游影响下乡村治理主体多元演变——以贵州西江苗寨为例［J］. 贵州师范学院学报，2017，33（8）：42－46.

［140］杨丰源. 中华文化公开课 民俗文化十讲［M］. 北京：当代世界出版社，2018.

［141］杨嵘均. 乡（镇）村关系视阈中"村务公开"的困境及其破解路径［J］. 中国行政管理，2007，263：110－113.

［142］杨秀芝. 瑶族长鼓舞的文化特征与当代意义［J］. 西南民族大学学报（人文社科版），2018，39（8）：30－35.

［143］易丹辉，王际宇. 乡村旅游统计监测指标体系的构建［J］. 统计与决策，2015（18）：29－31.

［144］永州新闻网. 江永县勾蓝瑶寨乡村振兴发展的探索实践［EB/OL］. http：//www. yongzhou. gov. cn/2018/0813/433370. html，2018－8－13.

［145］游庆军，张岚. 旅游学概论［M］. 北京：北京理工大学出版社，2017.

［146］余良. 岔山村来了位博士第一书记［J］. 当代广西，2017，331：41.

［147］俞可平. 中国治理评论第5辑（2014年第1期）［M］. 北京：中央编译出版社，2014.

［148］袁媛，龚本海，艾治国，雷维群. 乡村旅游开发视角下的福溪村保护与更新［J］. 规划师，2016，32（11）：134－141.

［149］曾琳. 旅游教育培训现状分析及研究［J］. 知识经济，2016，（386）：71－71＋74.

［150］张静. 社区警务工作规范化指南［M］. 北京：中国人民公安大学出版社，2012.

［151］张克敏. 论网络经济时代市场营销策略的转变［J］. 科技经济导刊，2018，26（644）：240.

［152］张晓冬，李英姿．管理系统工程［M］．北京：清华大学出版社，2017.

［153］赵仲三．基层领导干部"十五"计划和"三个代表"学习读本下卷［M］．北京：国际文化出版公司，2001.

［154］［美］珍妮特·V·登哈特，罗伯特·登哈特．新公共服务［M］．北京：中国人民大学出版社，2004.

［155］郑海霞．北京市对周边水源区的生态补偿机制与协调对策研究［M］．北京：知识产权出版社，2013.

［156］郑智敏．北洞源村富裕生态家园［J］．农家之友，2010（1）：17.

［157］《中华人民共和国村民委员会组织法》，1998年11月4日第九届全国人民代表大会常务委员会第五次会议通过，第2条．

［158］钟溢颖．基于SEM分析的旅游民族村寨文化变迁及保护研究［D］．广西师范大学，2015.

［159］钟卓良，刘珍．创新民族地区农村的社会治理方式——以恭城县红岩村为例［J］．新西部，2019（10）：75-77.

［160］周常春，和月月，操婷．政府主导型扶贫模式对乡村旅游发展的影响研究——以云南3个民族村寨为例［J］．南京财经大学学报，2019（4）：88-97.

［161］周常春，王玉娟，徐国麒．民族村寨旅游利益分配机制的影响研究——以可邑村为例［J］．中南林业科技大学学报（社会科学版），2013，7（1）：1-6.

［162］周明甫，金星华．中国少数民族文化简论［M］．北京：民族出版社，2006.

［163］周培，周颖．乡村旅游企业服务质量理论与实践［M］．成都：西南交通大学出版社，2016.

［164］周品秋，何志瑶．党建育先锋　带富一方人［J］．当代广西，2015（13）：40-41.

［165］周阳敏．新型农村社区质量评估指标体系的构建［J］．经济

纵横，2014（04）：60－65.

［166］朱从兵，钱宗范. 民族传统文化与当代民族发展研究：以广西壮族自治区为例［M］. 合肥：合肥工业大学出版社，2008.

［167］朱镜颖. 乡土文化地缘特点及其保护利用研究——以温岭为例［D］. 北京大学，2013（6）.

［168］朱孔山. 山东省旅游整合营销研究［M］. 济南：山东人民出版社，2013.

［169］朱守训. 酒店度假村开发与设计［M］. 北京：中国建筑工业出版社，2010.

［170］朱文静. 发展电商经济助推乡村产业振兴［J］. 现代化农业，2018（09）：50－51.

［171］朱晓佳，谢丰泽，李亚雯. 南岭民族走廊瑶族服饰文化研究系列论文之一 瑶音新韵：瑶族传统服饰文化的传承与创新［J］. 广西民族师范学院学报，2020，37（4）：19－23.

［172］朱晓翔等，乔家君. 乡村旅游社区可持续发展研究——基于空间生产理论三元辩证法视角的分析［J］. 经济地理，2020，40（8）：153－164.

［173］Abdul Rasid Abdul Razzaq, Nor Haniza Mohamad, Syed Shikh Syed A. Kader, Mohamad Zaid Mustafad, Mohd Yusop Ab. Hadi（Dr）, Amran Hamzah（Dr）, Zainab Khalifah（Dr）. Developing Human Capital for Rural Community Tourism：Using Experiential Learning Approach［J］. Procedia－Social and Behavioral Sciences, 2013（10）：1835－1839.

［174］Alberto Méndez Méndez, Arturo García Romero, Manuel Antonio Serrano de la Cruz Santos－Olmo, Verónica Ibarra García. Determinantes sociales de la viabilidad del turismo alternativo en Atlautla, una comunidad rural del Centro de México［J］. Investigaciones Geográficas, Boletín del Instituto de Geografía, 2016（8）：119－134.

［175］Baravi Thaman, John D. Icely, Bruno D. D. Fragoso, Joeli Veitayaki. A. Comparison of Rural Community Perceptions and Involvement in

Conservation between the Fiji Islands and Southwestern Portugal [J]. Ocean & Coastal Management, 2016 (12): 43 – 52.

[176] Butler R. The Concept of a Tourist Area Cycle of Evolution: Implications for Management of Resources [J]. Canadian Geographer, 1980 (1): 5 – 12.

[177] Carol S. Kline, David Cardenas, Paige P. Viren, Jason R. Swanson. Using a Community Tourism Development Model to Explore Equestrian Trail Tourism Potential in Virginia [J]. Journal of Destination Marketing & Management, 2015 (6): 79 – 87.

[178] Cornelia Petroman, Amelia Mirea, Ana Lozici, Elena Claudia Constantin, Diana Marin, Iuliana Merce. The Rural Educational Tourism at the Farm [J]. Procedia Economics and Finance, Volume 39, 2016, Pages 88 – 93.

[179] Courtney Suess, Makarand Mody. Gaming can be Sustainable too! Using Social Representation Theory to Examine the Moderating Effects of Tourism Diversification on Residents' Tax Paying Behavor [J]. Tourism Management, 2016 (10) 20 – 39.

[180] Duk – Byeong Park, Kwang – Woo Lee, Hyun – Suk Choi, Yooshik Yoon. Factors Influencing Social Capital in Rural Tourism Communities in South Korea [J]. Tourism Management, 2012 (10): 1511 – 1520.

[181] Frederic Bouchon, Karun Rawat, Rural Areas of ASEAN and Tourism Services: a Field for Innovative Solutions [J]. Procedia – Social and Behavioral Sciences, 2016 (6): 44 – 51.

[182] Julie Crawshaw, Menelaos Gkartzios. Getting to Know the Island: Artistic Experiments in Rural Community Development [J]. Journal of Rural Studies, 2016 (2): 134 – 144.

[183] Mariana Bălan, Cristina Burghelea. Rural Tourism and its Implication in the Development of the Fundata Village. [J]. Procedia – Social and Behavioral Sciences, 2015 (3), Pages 276 – 281.

［184］ Michelle Voyer, Kate Barclay, Alistair McIlgorm, Nicole Mazur. Connections or conflict: a Social and Economic Analysis of the Interconnections between the Professional Fishing Industry, Recreational Fishing and Marine Tourism in Coastal Communities in NSW, Australia ［J］. Marine Policy, 2017 (30): 114 – 121.

［185］ Mohd Hafiz Hanafiah, Inoormaziah Azman, Mohd Raziff Jamaluddin, Norliza Aminuddin. Responsible Tourism Practices and Quality of Life: Perspective of Langkawi Island communities ［J］. Procedia – Social and Behavioral Sciences, 2016 (6): 406 – 413.

［186］ Shaista Falak, Lo May Chiun, Alvin Yeo Wee. A Repositioning Strategy for Rural Tourism in Malaysia: Community's Perspective ［J］. Procedia Social and Behavioral Sciences, 2014 (8): 412 – 415.

［187］ Smaranda Cosma, Dragos Paun, Marius Bota, Cristina Fleseriu. Innovation: a Useful Tool in the Rural Tourism in Romania ［J］. Procedia – Social and Behavioral Sciences, Volume 148, 25 August 2014, Pages 507 – 515.

［188］ S. Mostafa Rasoolimanesh, Christian M. Ringle, Mastura Jaafar, T. Ramayah. Urban vs. Rural Destinations: Residents' Perceptions, Community Participation and Support for Tourism Development ［J］. Tourism Management, 2017 (6): 147 – 158.

［189］ Titin Fatimah. The Impacts of Rural Tourism Initiatives on Cultural Landscape Sustainability in Borobudur Area ［J］. Procedia Environmental Sciences, Volume 28, 2015: 567 – 577.

［190］ Vytautas Barkauskas, Kristina Barkauskien, Edmundas Jasinskas. Analysis of Macro Environmental Factors Influencing the Development of Rural Tourism: Lithuanian Case ［J］. Procedia – Social and Behavioral Sciences, 2015 (12): 167 – 172.

附录1 南岭瑶族乡村旅游
社区发展调查表

亲爱的领导、学者、社区居民、游客：

您好！为了促进南岭瑶族乡村旅游社区发展，我们课题组经过讨论设计了下列建设指标。为了了解政府、当地居民、企业等相关建设者、参与者的意见，诚恳地请您对我们的评价指标进行打分修正。谢谢您的宝贵意见。

一、乡村旅游社区发展

序号	一级指标	二级指标	1 ⟶ 9 表示 非常不认同 ⟶ 非常认同
1		房屋、道路、桥梁等建筑传承地方民族特色，有利于开展旅游业	1 2 3 4 5 6 7 8 9
2		设置乡村旅游景点指示牌，主干道按照要求设置道路交通标志	1 2 3 4 5 6 7 8 9
3	社区基础设施	道路、供水、排水、供电、通信、网络等各项基础设施配套完备，可供村民及游客使用，满足开发旅游业需求	1 2 3 4 5 6 7 8 9
4		具有住宿和餐饮接待设施与服务，可供村民及游客使用	1 2 3 4 5 6 7 8 9
5		交通便利，有公共交通工具方便村民及游客进入	1 2 3 4 5 6 7 8 9
6		规划设计公共停车场，可供村民及游客使用	1 2 3 4 5 6 7 8 9

序号	一级指标	二级指标	1 —→ 9 表示 非常不认同——非常认同
7	社区生态环境	自然与人文资源有当地特色,具有旅游吸引力	1 2 3 4 5 6 7 8 9
8		当地生活环境良好,划定畜禽养殖区域,人畜分离,有利于开展旅游	1 2 3 4 5 6 7 8 9
9		卫生环境良好,有专人负责处理垃圾,垃圾收集处理设施完善	1 2 3 4 5 6 7 8 9
10		生态环境容量大,能批量接待游客	1 2 3 4 5 6 7 8 9
11		旅游发展促进培养村民的良好卫生环境意识	1 2 3 4 5 6 7 8 9
12	社区公共服务设施	具有游客服务中心或相似功能的对外接待服务处	1 2 3 4 5 6 7 8 9
13		建立社区卫生服务机构能满足居民与游客等的安全卫生需求	1 2 3 4 5 6 7 8 9
14		老人互助机构(如老人协会等)能维护社区公共环境,维护公共服务设施正常运行	1 2 3 4 5 6 7 8 9
15		建有信息网络或渠道普及生产技术、旅游知识及开展营销活动	1 2 3 4 5 6 7 8 9
16		建有职业技能培训的机构及相关培训制度,有利于提高居民旅游服务等相关技能	1 2 3 4 5 6 7 8 9
17		建有公共厕所,有专人负责,卫生情况良好,可供村民及游客使用	1 2 3 4 5 6 7 8 9
18		建有休闲娱乐的游憩、体育运动设施及广场,可供村民及游客使用	1 2 3 4 5 6 7 8 9

序号	一级指标	二级指标	1 ——→ 9 表示 非常不认同——→非常认同
19	民族文化保护传承	乡村物质文化（古村落、古建筑、古文物等）得到整修和保护	1 2 3 4 5 6 7 8 9
20		乡村非物质文化得到保护和传承（民间民族表演艺术、传统戏剧和曲艺、传统手工技艺、传统医药、民族服饰、民俗活动、农业文化、口头语言等），并有专门机构及专人负责	1 2 3 4 5 6 7 8 9
21		设有民族及当地文化的传播和交流的机构和机制，培养文化传承人才	1 2 3 4 5 6 7 8 9
22		建有民族及当地文化展演舞台，促进村民及游客了解社区民族文化	1 2 3 4 5 6 7 8 9
23	社区经济发展	具有农、林、牧等特色产业经济，为村民及游客提供特色产品	1 2 3 4 5 6 7 8 9
24		当地有开展住宿、餐饮、商品、娱乐及服务等旅游经济活动	1 2 3 4 5 6 7 8 9
25		建有旅游发展公司、理事会、协会等合作互助社（组织）	1 2 3 4 5 6 7 8 9
26		旅游发展能够增加村集体经济收入，为旅游发展提供经费支持	1 2 3 4 5 6 7 8 9
27		旅游开发能够为当地提供就业岗位	1 2 3 4 5 6 7 8 9
28		村民积极支持、参与旅游开发	1 2 3 4 5 6 7 8 9
29		村民旅游收入持续增长	1 2 3 4 5 6 7 8 9
30		当地开展电商经济，能够为村民及游客提供便捷服务	1 2 3 4 5 6 7 8 9

序号	一级指标	二级指标	1 → 9 表示 非常不认同 → 非常认同
31	社区治理	村委会工作公平公正，村民支持村委会工作	1 2 3 4 5 6 7 8 9
32		旅游开发促进村民增强对民族的认同感	1 2 3 4 5 6 7 8 9
33		族老等乡村精英（如商业精英、政治精英和社会精英）在旅游开发与社区建设中发挥重要作用	1 2 3 4 5 6 7 8 9
34		村民法制意识强，为村民及游客营造安全环境	1 2 3 4 5 6 7 8 9
35		社区居民民风淳朴，居民与游客关系和谐，构建民族和谐社区	1 2 3 4 5 6 7 8 9

二、受访者基本信息

1. 您的性别：

A. 男　B. 女

2. 您的职业：

A. 政府公职人员　B. 企事业管理人员　C. 专业/文教技术人员

D. 服务销售商贸人员　E. 工人　F. 农民　G. 学生

H. 离退休人员　I. 其他

3. 您的年龄：

A. 18 岁以下　B. 18～28 岁　C. 29～40 岁　D. 41～48 岁

E. 49～55 岁　F. 56～65 岁　G. 65 岁及以上

4. 您的教育程度：

A. 初中及以下　B. 高中　C. 大专　D. 大学　E. 研究生以上

5. 您税后月收入：

A. 0～1 000 元　B. 1 001～2 000 元　C. 2 001～3 000 元

D. 3 001～5 000 元　E. 5 001～8 000 元　F. 8 001～10 000 元

G. 10 001 元以上

6. 客源地：国内客人_____省（直辖市、自治区）/_____港

澳_____台 /国外客人_____（国家）

7. 您对当地乡村社区发展满意度的打分为：

A. 1 分　B. 2 分　C. 3 分　D. 4 分　E. 5 分　F. 6 分　G. 7 分

H. 8 分　I. 9 分

8. 您对当地乡村旅游满意度的打分为：

A. 1 分　B. 2 分　C. 3 分　D. 4 分　E. 5 分　F. 6 分　G. 7 分

H. 8 分　I. 9 分

9. 在民族地区乡村旅游建设中，您认为目前最需要改进的是（可

多选）：

A. 住宿　　B. 餐饮　C. 环境　D. 娱乐　E. 交通　F. 购物

G. 游览设施　H. 服务质量　I. 宣传　J. 其他

再次感谢您的参与!

附录2 南岭瑶族乡村旅游社区
发展调查提纲

调查时间：

记录人：

一、乡村概况

1. 地理位置

2. 村委会组织机构及人员、村规民约、管理方法

3. 村民人口、民族数量和结构

4. 村里主要经济产业、特色产业

1）村民主要收入来源

2）村民主要从事经济活动

3）村庄特色产业活动

4）村庄主要的集体经济收入与组成

5. 村庄发展历史与渊源

6. 村庄有何美丽乡村/新型农村社区建设的政策

7. 村里能人

8. 专业技能培训方式与途径

二、农村社区经济概况

1. 自然旅游资源概况

2. 人文旅游资源概况

3. 当地旅游设施

1）进入村庄的方式

2）住宿设施

3）餐饮设施

4）娱乐项目和设施

5）购物场所

4. 辅助旅游服务设施

1）绿色环保

2）通信便利性

3）道路硬化、水平

4）电商服务情况

5）禽畜饲养情况

5. 旅游大户情况

6. 旅游开发后的变化

1）村民收入的变化

2）民族认同感的变化

3）教育培训机会

4）村庄的环境卫生

5）农业合作组织

6）公司参与旅游开发情况

7）政府支持旅游开发情况

后　记

本书是近几年在对南岭瑶族地区开展乡村旅游相关研究成果的基础上修订而成。回想过去调研与写作的日子，总是感觉充满着劳作的艰辛与充实的愉悦。随着对南岭瑶族乡村旅游社区发展研究的深入，我觉得自己更有责任和义务将与之相关的研究成果归集成册，希望能够引起和激发更多的民族旅游研究者、乡村旅游研究者、少数民族经济研究者对其关注和重视，为南岭瑶族地区的发展贡献力量。

本书的完成得益于大家真诚的帮助。我首先感谢桂林理工大学旅游与风景园林学院的领导和同仁们的不断支持与鼓励。在这充满朝气的学院中，我时刻感受到学院对青年教师的重视与培养，坚定了我从事乡村旅游与瑶族文化研究的决心。在这里，我要特别感谢旅游与风景园林学院的吴忠军教授、郑文俊教授、黄燕玲教授，他们对我的学术研究方向给予了指引。

感谢亲爱的家人，感恩我的父母，在生活上对我无微不至的照顾，为我解决生活上的后顾之忧；感谢我的女儿，她刚过完十一岁生日，为我的生活带来了很多乐趣；感谢我的先生，在工作之余陪伴我进入田野开展调研；感谢亲朋好友对我研究工作的支持，是他们的支持令我在学术道路上不断前行。

还要特别感谢帮助过我的学生、朋友们，感谢在调研中遇到的瑶族同胞，他们给予我的帮助，好似一盏明灯，给我丝丝温暖，滋润我的心灵，启发我的灵感，帮助我发现问题、思考问题、寻找解决问题的对策，谢谢你们。

174

　　由于篇幅所限，无法在这寥寥数语中感谢到帮助过我的所有老师、亲人和朋友，暂且将这份感激深藏心底吧，衷心祝愿你们幸福、快乐、安康。

邓　敏

2021 年 1 月

于屏风山下